DISARONNO
La Vieille Prune
41% vol

Guygantisches Gourmettheater

[illegible]

19.1.2011

Für meine liebste Frau Kerstin
und meine beiden Söhne Marcel und Patrick

Impressum

1. Auflage, 2011

Umschlaggestaltung:
Tobias Fahnauer, Dresden
Lektorat: Cornelia Resik
Satz: Klaus Böhm, Brodowin
Fotos: JET-Foto, Berlin

Druck und Bindung:
Messedruck Leipzig GmbH, Leipzig

Printed in Germany

ISBN 978-3-9809143-5-2

www.maiverlag.de

Hartmut Guy

Guygantisches Gourmettheater

Erlebnisberichte eines Gastronomen

Vorwort

Gastronomie ist ein hartes Geschäft. Edelgastronomie ist ein noch härteres Geschäft, hört sich aber besser an. Der Gastronom balanciert stets auf dem schmalen Grat zwischen Qualität, Service und Kosten. In der Edelgastronomie ist dieser Grat messerscharf. Etwas leichter hat es die Edelgastronomie in den großen Hotels. Das Restaurant ist oft genug das blank polierte Aushängeschild eines Hotels. Das lässt sich der Hotelier etwas kosten, verlangt aber auch eine erstklassige Küche und einen super Service dafür.

Der Gastronom Hartmut Guy ist eigentlich nicht vom gastronomischen Fach. Er lernte Schauspieler und war in der DDR in diesem Metier recht erfolgreich. Nach der Wende entschloss er sich, in Freudenberg, nahe bei Berlin, das „Gasthaus Am Weiher" aufzumachen. Das Gasthaus war in jenen Jahren ein Leuchtturm guten Essens. Die Qualität der Speisen und der Service waren herausragend. Für die damals arbeitslosen Künstler aus der ehemaligen DDR schaffte Hartmut Guy in seinem Gasthaus Auftrittsmöglichkeiten und bewahrte sie so davor, vergessen zu werden. Sie werden ihm diese Hilfe in schwieriger Zeit nicht vergessen.

Mit den Erfahrungen, die er in Freudenberg gemacht, und dem guten Ruf, den er sich erworben hatte, schaffte Hartmut Guy 1999 den Sprung in die Jägerstraße am

Gendarmenmarkt mit dem Restaurant »Guy«. Das war auch für ihn eine neue Klasse. Jetzt stand er im harten Wettbewerb mit all jenen, die sich in Berlin-Mitte ansiedelten. Ganz kontinuierlich hat das Guy seinen Standard über die Jahre bewahrt: Eine vorzügliche Küche, ein sehr guter Service und – gemessen an der Qualität – bezahlbare Preise, das ist sein Konzept.

Hartmut Guys besondere Stärke ist die Kommunikation mit den Gästen. Ich behaupte, dass er jeden Gast persönlich kennt. Das mag etwas übertrieben sein, aber spätestens beim zweiten oder dritten Besuch in seinem Restaurant lernt er den Gast kennen und weiß, was dem schmeckt und welche Weine er bevorzugt. Er ist ein Kommunikationstalent. Ihm ist die Freude anzusehen, wenn er einen Menschen kennen lernt, mit ihm kommuniziert und ihn gastronomisch zufriedenstellen kann. Auch die schnellste Servicekraft ist ihm immer etwas zu langsam, am liebsten würde er selbst einspringen und nachschenken oder in die Küche eilen, um zu fragen, wo denn der nächste Gang bleibt. Wie es schmecken muss, weiß er auch, die Küchenbrigade und deren Chef folgen ihm darin. Kulinarische Eskapaden macht seine Küche nicht mit, alles ist gediegen zubereitet und gut komponiert. So soll es sein.

Hartmut Guy ist mehr als ein Gastronom, er ist ein begabter Gastgeber. Er bringt Menschen zusammen und kann unterhaltsam sein. Dabei kommen ihm sein komödiantisches Talent und seine Großzügigkeit zugute. Bei Galas, Benefiz-Veranstaltungen sowie kleinen und großen Gesellschaften bringt er Menschen aus ganz unterschiedlichen Bereichen zusammen. Die Veranstaltungen im

»Guy« sind ein Erlebnis und schaffen bleibende Bekanntschaften.

Hartmut Guys Lieblings- und Paraderolle ist seit der Zeit im Maxim-Gorki-Theater der Butler James in »Dinner for one«. Gern spielt er die Rolle wieder, wenn er darum gebeten wird, zum Beispiel zu Silvester auf dem Gendarmenmarkt. Dann lässt er dem Komödianten Hartmut Guy freien Lauf.

Die vorgelegten »Erlebnisberichte« zeigen Hartmut Guy auch als unterhaltsamen Erzähler. Ich wünsche ihm, dass er die Gratwanderung als Gastronom weiterhin erfolgreich meistert und so für die Gourmets eine feste Adresse in der Mitte unserer Stadt bleibt.

Walter Momper

Präsident des Abgeordnetenhauses von Berlin

Bevor der Vorhang aufgeht

Dieses Buch erzählt aus meinem Leben und von tatsächlich erlebten Momenten der letzten zwanzig Jahre. Fast alles ist wahr und mir genau so oder so ähnlich widerfahren.

Eventuelle Abweichungen oder Korrekturen sind allein der Dramaturgie geschuldet.

Die wenigen fiktiven Schilderungen entspringen ausschließlich meiner Fantasie.

Einige der darin handelnden Personen sind von mir namentlich verändert worden, aber ihre bildhafte Darstellung haben sie sich alle redlich verdient!

Peinliche Indiskretionen finden nicht statt, denn als Gastgeber eines bekannten Restaurants bin ich stets bemüht, Gäste zu gewinnen – nicht, sie zu vergraulen.

Als Schauspieler und Komödiant verfolge ich die Absicht, mit dieser Schrift einen ernsthaften Angriff auf Ihre Lachmuskeln zu führen.

Entspannen Sie sich, lehnen Sie sich zurück. Stellen Sie sich ein Glas Wein bereit und haben Sie viel Kraft.

Sie werden sie brauchen.

Wie ich zu meinem Namen kam

Als ich geboren wurde, bekam ich meinen Nachnamen automatisch dazu. Für meinen ungeliebten Vornamen ist allein meine Mutter verantwortlich. Noch heute finde ich den Vornamen völlig falsch zum Nachnamen gewählt. Wenn man wie ich über französische Wurzeln verfügt und einen so schönen Nachnamen in die Wiege gelegt bekommt, hätte ein klangvoller französischer Vorname die Namensgebung perfekt abgerundet – beispielsweise Marcel oder Patrick. So habe ich übrigens meine beiden Söhne benannt.

Ich kam auf die Welt und hieß Hartmut. Den zweiten Namen verschweige ich lieber aus Gründen der Diskretion. Vor hundert Jahren war die Namensgebung einfacher. Man wählte aus dem Fundus der schönen alten Namen wie Otto, Gustav, Ernst und Günther einen oder zwei aus und gesellte sie zum Familiennamen. Der neue Mensch war damit ansprechbar, egal ob er selbst später seinen Namen ansprechend fand oder nicht.

Heute ist aus dem In- und Ausland eine wahre Flut von neuen Vornamen über uns hereingeschwappt. So heißt jetzt jedes dritte Mädchen, welches in Berlin-Marzahn zur Welt kommt, Cindy oder Jennifer. So mancher Name ist schwer auszusprechen geschweige denn aufzuschreiben. Wenn dann noch Vor- und Nachnamen zusammengesetzt werden, treten manchmal die abenteuerlichsten Kreationen zutage, wie z. B. Geneviève Krause oder Maximus

Krüger. Im ersten Beispiel erträumen sich die Eltern eine Filmkarriere für ihre Tochter, während im zweiten Fall die Eltern höchstwahrscheinlich zu viele Sandalen-Filme gesehen haben.

Egal. Das Kind wird sich schon daran gewöhnen. Meine Mutter hatte offensichtlich mehr die Balance zwischen deutsch und französisch im Auge, denn alle drei Jungs bekamen deutsche Vornamen. Aber das reichte noch nicht, denn Guy wurde bei uns zu Hause wie Gü ausgesprochen. So wuchs ich auf und nannte mich von nun an Hartmut Gü. Erst in der Schule, als die Frage nach dem Wahlfach Englisch oder Französisch aufkam, bemerkte die Lehrerin, dass ich meinen Namen falsch ausspreche. In Frankreich spricht man Guy phonetisch Gie. Das kam selbst mir damals komisch vor und so blieb es schon aus technischen Gründen beim Gü. Aufgrund der prägnanten Kürze meines Familiennamens wurde ich in der Schule und auch später meistens Gü genannt. Manchmal wegen meiner schmächtigen Figur auch Güchen. Das hörte ich allerdings weniger gern.

Ich machte eine Lehre als Maler, absolvierte bald darauf ein pädagogisches Sonderstudium und bildete Lehrlinge aus, neudeutsch Azubis. Meine große Liebe und Leidenschaft jedoch galt schon immer der Bühne. Solange ich denken kann, trat ich gern vor Menschen auf und wollte immer Schauspieler werden. Da aber meine Mutter und der Rest der Familie meine Pläne mit dem Satz: »Erst wird etwas Anständiges gelernt!« durchkreuzten, wählte ich sozusagen den zweiten Bildungsweg. Ich spielte nebenbei Amateurkabarett, ließ mich durch die Fernsehsendung »Sprungbrett« entdecken und bekam tatsächlich ein erstes Engagement. Nun wollte ich es wissen und studierte sogar an der berühmten Hochschule für Schauspielkunst »Ernst Busch«, aber extern. Abends auf der Bühne, am Tag Student. Mein Traum war verwirklicht. Dachte ich. Aber erstens kommt es anders und zweitens als man denkt. Denn endlich fiel die Mauer. Jedenfalls für die meisten, für einige wenige fiel der antifaschistische Schutzwall. Aber das ist ein anderes Thema.

Da man mich durchaus als sehr umtriebigen Menschen bezeichnen kann, gab es nur einen Weg für meine Zukunft: Selbstständig sein! Ein Restauranttheater zu eröffnen, das war die von mir ausgegebene Devise. Abends auftreten und ausschließlich im eigenen Restaurant mit Freunden sitzen und feiern – das ist es doch. Oder? Es wurde ein Bauernhof mit Dorfkneipe gekauft. Vor den Toren Berlins in dem verschlafenen Ort Freudenberg, 250 Seelen mit nur drei Nachnamen, nämlich Bukow, Bräderick und Metzkow, dazu einem Fuchs und einem Hasen, welche sich regelmäßig mitten im Dorf um punkt 20 Uhr Gute Nacht sagten. Meine Freunde fragten, ob mein Therapeut verstorben sei, aber sowas wirft mich nicht aus der Bahn. Und siehe da: Schon nach zwei Jahren war das Restauranttheater »Gasthaus Am Weiher« ein Wallfahrtsort. Viele bekannte Künstler traten bei uns auf. Wir hatten Spaß und Erfolg, bis das Schicksal an unsere Türe pochte. Ein Brand zerstörte unsere Träume und unsere Existenz, aber wie es so schön heißt: Das Leben geht weiter!

Erneut pochte das Schicksal an die Türe und nahm mich mit in die Jägerstraße 59 am Berliner Gendarmenmarkt. Ich bekam einen Mietvertrag für ein Restaurant.

Mein Traum! Die Miete hingegen ein Alptraum! Aber: Wer nicht wagt, der nicht gewinnt.

Ein Name für das Restaurant musste her. Die Konzeption edel, aber verrückt, garniert mit Charme und Witz, kurz: So wie ich. Die Küche natürlich französisch-mediterran. Apropos französisch, da war doch noch was. Na klar, ich hatte einen französischen Namen und mein Credo ist: »Essen und Trinken sind die drei schönsten Dinge im Leben.« Außerdem, wenn ich mir eine Baskenmütze aufsetze, sehe ich auch noch aus wie ein Franzose. Also heißt das Restaurant »Guy«, aber natürlich nicht Gü ausgesprochen. Nein, natürlich phonetisch richtig, also Gie. So, wie man es in Frankreich aussprechen würde. Ab jetzt sprach ich also meinen Namen als Gie aus, grundsätzlich und gegenüber allen und jedem. Die verwirrten Blicke meiner Brüder, meiner Kinder sowie der Verwandtschaft und Bekanntschaft sind mir noch in bester Erinnerung. Diese offensichtlich neue Ausspracheregelung brachte dann und wann auch richtig komische Momente mit sich. Bei Veranstaltungen, an denen ich gemeinsam mit meinem Bruder teilnahm, kam es vor, dass er sich mit Gü vorstellte, auf mich zeigte und sagte, das ist mein Bruder, der heißt aber Gie. Oder alte Schulkameraden riefen im Restaurant an und fragten nach Herrn Gü. Wenn der Kellner dann sagte, Sie meinen sicherlich Herrn Gie, wollte man mich doch nicht mehr sprechen. Wahrscheinlich war es ihnen peinlich, auf den Falschen zu treffen. Ein Freund erzählte seiner Bekannten, was ich für ein Verrückter sei und dass er mich schon eine Ewigkeit kenne, sogar aus der Zeit, als ich noch Gü hieß.

Ich glaube, es hat mir gut getan, meinen Namen der französischen Aussprache anzugleichen. Er passt jetzt besser zu mir, und meine beiden Söhne haben ihn mit Bravour übernommen. Neulich fragte mich ein Journalist, was ich denn gemacht hätte, wenn ich Müller geheißen hätte? Meine Antwort: Ich hätte mir eine Windmühle gekauft.

Seit 1999 betreibe ich nun am schönen Gendarmenmarkt das »Guy«. Ein Restaurant, das sich in Berlin einen guten Namen gemacht hat. Immer noch bewegt mein Name die Menschen. Täglich werde ich von Gästen gefragt: Wie spricht man Ihren Namen eigentlich aus? Dann huscht ein selbstbewusstes Lächeln über mein Gesicht und ich antworte mit dem höchsten Grad an Selbstverständlichkeit: Gie natürlich.

Einmal sprach mich ein sehr netter älterer Herr an: »Sagen Sie, kann ich als Heterosexueller auch bei Ihnen speisen?« Nach kurzer Verwunderung mussten wir beide lachen.

Der Mann war Professor für Französische Geschichte.

Man muss sich nur zu helfen wissen

Eine Woche nach der Eröffnung unseres Restauranttheaters »Gasthaus Am Weiher« war Ostern. Ich war seit genau sieben Tagen Gastronom und innerlich befragte ich mich mehrmals täglich, ob es wirklich der richtige Schritt war, die Bühne zu verlassen und sie gegen eine Kleinkunstbühne mit vorwiegend gastronomischem Hintergrund einzutauschen.

Das Ganze auch noch in Freudenberg. Ein Ort der drei Meere: Sandmeer, Kiefernmeer, gar nichts mehr. Die Dorfbewohner mögen es mir verzeihen, aber das Wort »Kuhbläke« trifft ziemlich genau ins Schwarze.

Doch die Weichen waren gestellt. Ich hatte am Kabarett in Potsdam gekündigt, unser gesamtes Erspartes war in schrottreifes Inventar investiert worden, unser schönes Haus in Potsdam verlassen und meine damalige Frau Annemarie hatte ihre gesicherte berufliche Existenz für eine sehr gewagte Idee aufgegeben. Ein unsicherer Pachtvertrag wurde abgeschlossen, denn der Besitzer der Immobilie war in den Westen gegangen und keiner wusste, was passiert, wenn er zurückkehrt.

Noch zehn Tage vor der Eröffnung hatten wir nicht mal eine Gewerbegenehmigung, denn keiner von uns beiden hatte eine Ausbildung in der Fachrichtung Nahrung und Genuss – so der offizielle Terminus in der DDR für Gastronomie. Im April 1990 galten nämlich noch die Gesetze der DDR, zumindest auf dem Papier. In der Realität begann so mancher sein eigenes Süppchen zu kochen. Aber um unsere Suppe kochen zu dürfen, brauchten wir nun mal die besagte Gewerbegenehmigung.

Beim Amt in Bad Freienwalde wies uns der zuständige Amtsleiter mit einem mitleidigen Lächeln ab. Seine Worte: »Sie haben doch gar keine Ausbildung im Gastgewerbe.«

»Ja, aber jede Menge Ideen«, gab ich retour.

»Ach ja«, lehnte er sich überheblich zurück. »Sie sind ja Schauspieler«, untermauerte er, meinen Berufsstand abwertend, seine Ablehnung. Noch vor einem halben Jahr hätte dieser Schreibtischhengst Schwarzmarktpreise bezahlt, um eine Eintrittskarte für mein Programm zu ergattern, dachte ich und sann auf Rache.

Ich wiegelte meine Frau auf: »Du kennst doch den Kulturminister.« Sie war als ehemalige Intendantin vom nun amtierenden Kulturminister der Wendezeit berufen worden. Und tatsächlich bekam sie einen Termin bei ihm am Molkenmarkt 1. Nach dieser Unterredung rief der Kulturminister seinen Amtskollegen, den Minister für Nahrung und Genuss, an. Der wiederum rief bei meinem Lieblingsbeamten in Bad Freienwalde an und der rief einen Tag später uns an. Können Sie sich die Freude dieses Herrn vorstellen, als er vollkommen gegen seinen Willen den Stempel auf die amtliche Gewerbegenehmigung drücken musste? Ich begleitete diesen Vorgang mit den süffisanten Worten: »Na, geht doch! Ich wusste, Sie können das.«

Er ließ keinen Zweifel daran, dass er uns von nun an genau beobachten würde. Nach dieser Unterredung war er noch ganze zwei Wochen im Amt. Die Abteilung war um einen Mitarbeiter ärmer, aber unser Land moralisch um einiges reicher geworden!

Trotzdem war unser ganzes Unternehmen eine Art Überraschungsei.

Das passte ja gut, denn es war wie gesagt Ostern.

Zur Eröffnungsparty am 7. April 1990 kamen jede Menge Freunde, ehemalige Kollegen und die ganze Familie. Keiner wusste so ganz genau, ob man sich für uns freuen oder Mitleid mit uns haben sollte. Aber die Party war ein Meilenstein in meinem Partyleben.

Gastronomisch wurden wir an diesem Tag nicht besonders gefordert. Wir hatten Profis engagiert und meine Frau sorgte für Leckereien aus ihrer Noch-Laienküche, schon damals mit viel Talent. Später bekam sie von einer bekannten Gourmetzeitschrift sogar den Titel »Meisterköchin des Ostens« verliehen und avancierte zu der bekanntesten Köchin weit und breit. Verdientermaßen!

Dann kam der Ostersonntag. Er begann mit der Krankmeldung zweier Kellner kurz vor Öffnung. Somit musste ich die Schürze umbinden und anstatt die Honneurs für die Gäste zu machen, machte ich schon nach zwei Minuten schlapp, als ich an die alte russische Registrierkasse mit Kurbel trat.

Ich hatte nicht die geringste Idee, wie ich sie bedienen sollte. Chaos brach aus, aber da ganze Heerscharen von neugierigen Gästen aus nah und fern unaufhörlich in den Gastraum drängten, hatte ich keine Zeit, darüber nachzudenken.

Natürlich hätte ich weglaufen können. Aber angesichts der dann vermutlich ausbrechenden Ehekrise verfolgte ich diesen Gedanken nicht weiter. Bleib ruhig und charmant, vor allem lächle, egal was passiert, dachte ich mir. Aber der Strom der Leute riss nicht ab und da wir all unser Geld ausgegeben hatten, musste Umsatz die Kasse, welche ich immer noch nicht bedienen konnte, klingeln lassen.

Also kam ich auf die aberwitzige Idee, auch den Theatersaal nebenan für die Gäste zu öffnen. Etwa 95 Personen passten dort rein.

Ich vergesse nie das Gesicht meiner Gattin, als sich binnen zwanzig Minuten 80 Essenbons für rund 135 Gäste in der Küchenklappe türmten. Vollkommen verdattert fragte sie kleinlaut: »Was ist das?« Meine Antwort im Brustton der Überzeugung: »Na, die Bons für heute Mittag.«

Ich glaube, sie war für einen winzigen Moment suizidgefährdet. Aber wie sie nun mal war, sie fing sich schnell und sagte nur lakonisch: »Kein Problem, der letzte Gast bekommt sein Steak in einer Woche nachts um drei.« Das bewog mich, kurz über mein Handeln nachzudenken und festzustellen: Es gibt keine andere Lösung. Außer ich stelle mich in die Mitte des Restaurants und teile den gerade eingetroffenen Gästen mit: Ich habe es mir soeben anders überlegt, ich gehe zurück nach Potsdam auf die Bühne und Sie alle gehen jetzt wieder nach Hause. Irgendetwas hielt mich jedoch davon ab, so zu handeln.

Apropos Steaks, die waren nach einer Stunde alle verkauft, obwohl nicht mal die Hälfte der hungrigen Gäste ihre bestellte Mahlzeit hatte.

»Ich habe kein Fleisch mehr«, sagte Annemarie und verschränkte demonstrativ die Arme vor der Brust. Sie sah ein bisschen so aus wie ein schmollendes Kind, das sagt, ich spiele nicht mehr mit, gebt mir meine Puppenlappen wieder. »Wie, du hast kein Fleisch mehr?«, fragte ich angsterfüllt.

»Fleisch schon, aber nicht aufgetaut«, antwortete sie. Damals war das noch so, und wir wussten es noch nicht besser.

Zeig her, fauchte ich in die Küche. Sie rannte zur Tiefkühltruhe, riss die Klappe auf und zerrte unter Aufbringung all ihrer Kräfte zwei fest zusammengefrorene Oberschalen vom Schwein heraus. Hart wie Kanonenkugeln.

Ich sprang durch die Pendeltür in die Küche und warf das gigantische Stück Fleisch auf den Fliesenfußboden in der Hoffnung, beide Stücke würden sich wieder trennen. Denkste. Wie verschraubt klebten beide Teile unverändert zusammen. Auf dem Boden jedoch verabschiedeten sich mindestens sieben Fliesen. Wahrscheinlich war das nicht nur der Wucht des Aufpralls, sondern auch dem Mangel an Zement geschuldet.

Was kann ich noch tun, durchpflügte ich mein Gehirn. Da gab es nur eine Lösung: Erfinderisch sein und unverzüglich handeln.

Ich ergriff den eiskalten Klotz Schweinefleisch, rannte damit geistesgegenwärtig in die Werkstatt der angrenzenden Scheune und spannte das Ding in eine Werkbank ein, nahm ein Eisensägeblatt, umwickelte das hintere Drittel mit einem Lappen und sägte zwei Zentimeter dicke Scheiben aus meinem tiefgefrorenen Rohmaterial. Eine Scheibe sah aus wie die andere. Als alles zersägt war, lud ich die handgeschnitzten Steaks in der Küche ab und verschwand zügig in den Gastraum.

Wenn ich daran zurückdenke, so schäme ich mich noch

heute ein wenig. Aber trotz der Verletzung sämtlicher Regeln der Kochkunst und sträflicher Missachtung der Hygiene gab es damals keinen anderen Ausweg. Lieber die Gewerbegenehmigung verlieren als von fünfzig Gästen verprügelt zu werden, dachte ich.

Nun rückte ich die Krawatte zurecht und stellte mich der hungrigen Meute. Als ich im Gastraum eintraf, fragte ein Gast lautstark und ungehalten wegen der langen Wartezeit: »Stromausfall, oder was?« Ich baute mich in der Mitte auf, stemmte die Hände in die Hüfte, bat um Verständnis für die entstandenen Unannehmlichkeiten und teilte allen Wartenden mit: »Sie erleben jetzt Ausschnitte aus meinem letzten Programm!« Dann legte ich los und nach wenigen Minuten hatte ich sie alle dermaßen am Haken, dass sie ihren Hunger vergaßen.

Meine Frau kam um die Ecke gepest, als sie in der Küche den lauten Applaus vernahm. Ihr skeptischer Gesichtsausdruck wurde blitzschnell von einem breiten Grinsen abgelöst. Entspannung durchzog ihren schlanken Körper und sie flog gutgelaunt zurück an den Herd.

Nach einer weiteren Stunde hatten alle ihr Essen und ich keine Texte mehr, die ich allein hätte vortragen können.

Als ich an diesem Abend vollkommen erledigt die Tür von innen zuschloss, wusste ich: Nichts ist wie früher, aber mein Publikum ist mir treu geblieben!

Die Fürsten-Suite

Die ersten beiden Monate in Freudenberg hatten wir überstanden und einige gastronomische Unwetter und Katastrophen überlebt. Wir fingen an, uns in unserer kleinen neuen Welt zurechtzufinden, und saugten alle Erfahrungen regelrecht in uns ein.

Ehrgeiz, Ideenreichtum und vor allem der Anspruch der »fünf A's« (Alles anders als alle anderen) trieben uns an. Natürlich wollten wir nicht nur anders, sondern vor allem besser sein.

Ich, der gelernte Kneipengänger. Die vielen Stunden, die ich in Schankinstituten und ähnlichen Abfüllanlagen verbrachte, lehrten mich, demütig zu sein. Die unzähligen Gläser mit geistigem Inhalt, die ich getrunken hatte, konnte man nicht mehr zählen. Ich ging gern essen und trinken. Oft nach der Vorstellung mit Schauspielkollegen, um zu quatschen und zu saufen. Aber natürlich auch, um mit meiner Familie richtig zu speisen.

Immer gab es irgendein Ärgernis. Es begann schon mit dem obligatorischen, DDR-typischen Schild am Eingang: »Sie werden platziert«. Es folgten Diskussion wie diese: »Eis ohne die heißen Kirschen? Das geht nicht! Unser Küchenchef macht das Eis immer mit heißen Kirschen. Entweder Sie essen es komplett, wie es auf der Karte steht, oder Sie gehen besser woanders hin.«

Ende der achtziger Jahre in einer Gaststätte in der Nähe der Schönhauser Allee antwortete die Kellnerin auf meine Frage, was sie mir denn heute empfehlen könne: »Am besten ein anderes Restaurant. Seitdem ich hier arbeite, esse ich hier nicht mehr.«

Ich könnte ein Buch über meine skurrilen und oft sehr ärgerlichen Erlebnisse mit der Behaglichkeit der DDR-Gastronomie schreiben.

Aber etwas Gutes hatten diese Erlebnisse auch: Ich wusste ganz genau, wie es nicht geht. Schon damals keimte manchmal der unaufhaltbare Drang in mir auf: Solltest du jemals ein Restaurant haben, weißt du ganz genau, womit man einen Gast glücklich und womit man ihn unglücklich macht! Dazu benötigte ich nur meinen gesunden Menschenverstand, Stil, gute Einfälle, jede Menge Fleiß sowie einen Hauch von Künstlerseele. Oder vielleicht eher die eines Lebenskünstlers.

Bei uns kam die besondere Konstellation dazu, dass meine Frau Annemarie, eine Kunstwissenschaftlerin, ihre Kochleidenschaft mit Talent an den Profiherd projizierte, äußerst wissbegierig war und innerhalb weniger Monate etwa 150 Kochbücher ihr Eigen nannte.

Und ich, der Komödiant mit dem Turbomotor unter dem Rippenbogen, mit frankophilem Charme ausgestattet und einer gehörigen Portion selbstangetrunkenen Weinverständnisses unterlegt. Das konnte nur gut gehen.

Bei uns galt: Jeder Gast wird als das behandelt, was er ist – ein König, um den sich alles dreht. Denn unser Restaurant hatten wir »Gasthaus Am Weiher« genannt, und nicht Wirtshaus. Jetzt wissen Sie, warum es früher Wirtshaus hieß. Dort entschied der Wirt und nicht der Gast. Wir feilten jeden Tag an unserem Angebot und platzten mit unserem Engagement fast auseinander. Das war anstrengend und aufreibend, aber ungemein spannend.

Jeder Tag brachte ein ungewöhnliches Erlebnis mit sich: Eine Frau, die frierend mit den Worten in die Gaststube kam: »Ich habe Eisfüße!«, erhielt umgehend ein heißes Fußbad unter den Tisch gestellt. Natürlich mit dem dazugehörigen Handtuch sowie einem Grog für innen.

Den Gast, der ein großes Bier bestellte, fragte ich: »Wie groß?« Er antwortete: »Na, groß!«

Das hätte er nicht sagen sollen. Ich stellte ihm ein wenig später den Porzellankrug einer bekannten Brauerei auf den Tisch. Fünf Liter! Seine Gesichtszüge entgleisten und seine Frau brach vor Lachen zusammen. Das Restaurant strahlte, alle hatten sofort gute Laune und waren irgendwie eine Familie. Nur er stotterte verstört: »Das ist mir dann doch ein bisschen zu groß!« Also griff ich in den leeren Bembel und holte einen winzigen Krug in der Größe eines Schnapsglases heraus, mit genau 0,04 l Bier, aber natürlich einer perfekten Schaumkrone. Nun stürzte auch er sich vor Lachen in den Schoß seiner Gattin und für alle Anwesenden hatte sich schon jetzt der Besuch in unserem Hause gelohnt. Da auch noch unser Essen schmeckte, kamen alle gerne wieder.

Eines Tages ging die Tür auf und ein älteres Ehepaar betrat unser Haus. Geschätzte siebzig Jahre alt, sehr charmant und äußerst mondän gekleidet. Ich sage es ungern, aber sie sahen nicht nach Bitterfeld und Bautzen aus, eher nach Starnberger See oder Baden-Baden. Damals konnte man diese Unterschiede noch gefahrlos machen.

Beide gingen auf die nette Bedienung zu und erkundigten sich äußerst höflich nach einem Zimmer für die nächsten zwei Nächte. Genauso höflich bekamen sie die Antwort: »Wir haben leider keine Gästezimmer!« Was auch der Wahrheit entsprach. Aber sie intervenierten: »Man hat uns zu Ihnen geschickt, weil Sie auch Hotelzimmer haben sollen.«

Nun war unsere Kellnerin Ulrike überfordert. Noch immer beteuerte sie fast mitleidig, dass wir mit Übernachtungsmöglichkeiten wirklich nicht dienen könnten. Um sich aber nicht weiter unbeliebt zu machen, holte sie mich. Nun bedrängte mich das Paar, das verborgen gehaltene Hotelzimmer herauszurücken. Ich versuchte mit aller Redekunst, die mir zur Verfügung stand, den beiden klarzumachen, dass sie da einer aufs Glatteis geführt haben musste. Aber es gab kein Entrinnen.

»Nein!«, sagte die ältere Dame. »Wir wissen genau, Sie haben ein Gästezimmer.« Ich war mit meinem Latein am Ende. Nun musste die Konversation von Frau zu Frau fortgeführt werden, entschied ich, und holte meine Frau aus der Küche. Ich selbst suchte das Weite.

Nun das abstruse Zwischenspiel. Unser Verpächter hatte über dem uralten Hühnerstall neben der Scheune einen Raum notdürftig ausgebaut und mit einem Doppelstockbett Marke Nationale Volksarmee versehen. In diesem Raum sollten Kellner im Notfall übernachten, wenn sie aufgrund eines besonders langen Arbeitstages nicht mehr nach Hause fahren konnten. Schließlich war die nächste Stadt über 20 Kilometer entfernt. Diese katakombenartige Behausung glich einer Höhle, in der Kinder gern ihrer Abenteuerlust frönten.

Meine Frau wurde von den beiden Herrschaften so lange gequält, bis sie verzweifelt sagte: »Wir haben nur eine Notunterkunft für unsere Angestellten, und nichts weiter. Unmöglich, Ihnen diese Bruchbude anzubieten.« Fehlanzeige. Man wollte das Paradies unbedingt persönlich in Augenschein nehmen. Als ich nach zehn Minuten auf den Hof zurückkehrte, um von hinten durch die Küche in den Gastraum zu gelangen, sah ich meine Frau mit besagtem Ehepaar die Hühnerleiter zu unserer »Fürsten-Suite« empor stiefeln. Die Stiege nach oben war von den Schwalben so bekleckert worden, dass man sie kaum betreten konnte. Dieser Umstand hielt unser Pärchen aber nicht davon ab, das Gemach zu inspizieren. Ich schlich den dreien unbemerkt hinterher und wurde Ohrenzeuge, wie die Dame aufschrie: »Ach, das ist ja zauberhaft! Das erinnert mich an unsere Jugendzeit. Das nehmen wir!«

Ich glaubte zu träumen. Wollten die Herrschaften tatsächlich in dieses Zimmer einziehen?

Welcher Teufel hatte meine bessere Hälfte geritten, ihnen diese Außenstelle für Obdachlose zu präsentieren? Aber zu spät.

»Hugo«, hörte ich sie sagen, »hol den Wagen.« Hugo tat, wie ihm geheißen. Er verließ den Hof, vorbei an mir und meinem verdatterten, hilflosen Gesichtsausdruck.

Das Tor wurde geöffnet und ein riesiger schwarzer Mercedes fuhr in die Einfahrt. Auf seiner Tür prangte ein güldenes Familienwappen, und mir wurde angst und bange.

Nun säuberte meine Frau notdürftig und in Windeseile das Domizil und ich half Hugo mit den Koffern.

Meine Sprachlosigkeit hielt an, bis ich meine Frau unter vier Augen zu fassen bekam: »Was hast du dir dabei gedacht?«

»Ach«, wiegelte sie ab. »Die beiden sind so niedlich und unkompliziert noch dazu. Das geht schon in Ordnung. Übrigens, du machst morgen für die beiden Frühstück in unserer Wohnung!« Widerspruch erschien mir zwecklos und ich zog mich kopfschüttelnd zurück.

Abends sagte meine Frau, das müssten Theaterleute sein. Sie hätten die Koffer ausgepackt und überall lägen seidene Matrosenanzüge und farbige Blazer herum. Wieder beschwor sie die Niedlichkeit der beiden Alten.

Am Morgen stand ich um 7 Uhr auf – eine für mich unchristliche Zeit, um ein fürstliches Frühstück vorzubereiten. Das kann ich gut, und mir fallen eine Menge Leute ein, die diese Behauptung bestätigen könnten. Außerdem ließ das Wappen am Mercedes auf einen besonders hohen Anspruch schließen. Allerdings, wie ich es auch drehte und wendete, diesen Anspruch konnte ich bei der Wahl ihres Zimmers nicht nachvollziehen.

Ich trug angesichts der nachtschlafenden Uhrzeit einen Frottee-Bademantel, ein Erbstück aus den frühen sechziger Jahren. Fast die Hälfte aller Frottee-Schlaufen war herausgezogen, sie hingen als labbrige Fäden an mir herunter. Ich sah aus wie der Vogelhändler aus Bernau.

Noch während meiner Vorbereitungen ging die Wohnungstür auf und das Pärchen stand im Flur. Mein optischer Zustand war mir peinlich und ich stammelte: »Ich hatte so früh noch nicht mit Ihnen gerechnet.«

»Ach, machen Sie sich keine Sorgen«, übernahm sie wieder die Gesprächsführung. Hugo war wie immer still.

Beide nahmen in der Küche Platz und das Frühstück ein. Auf einmal stand Hugo auf und schritt zur Durchreiche, um in das daneben gelegene Wohnzimmer zu schauen. Dieses war für damalige Verhältnisse nicht gerade klein, immerhin 68 Quadratmeter, und mit schönen alten Möbeln ausgestattet. Viele originale Bilder hingen an den Wänden, Geschenke von befreundeten Künstlern und auch selbst gemalte Arbeiten von Annemarie. Wir fanden unser Heim attraktiv und sehr gemütlich.

Hugo schaute sich um und sagte: »Schön haben Sie es hier. Aber bei uns ist es schöner!« Sie hakte ein: »Obwohl wir unser Schloss verkauft haben. Uns reichen die zwölf Zimmer der jetzigen Villa. Man wird ja auch nicht jünger.«

Ich stand da mit meinen herunterhängenden Frotteeschlaufen und musste mir dieses alberne Gespräch freundlich lächelnd anhören. In solchen Momenten bekommt der Name Dienstleister eine ganz neue Bedeutung.

Das Frühstück mundete unseren Hotelgästen ausgezeichnet und sie waren den Rest der Zeit immer unterwegs. Hugo, seine Frau und die Limousine mit Wappen.

Zwei Tage dauerte der Belagerungszustand und ich begann mich langsam an die beiden zu gewöhnen. Sie waren ja so niedlich, um den Terminus von Annemarie zu verwenden. Den Abend vor ihrer Abreise nutzten sie, um bei uns im Restaurant ausgiebig zu speisen. Sie waren des Lobes voll und wir stießen gemeinsam an. Er bezahlte die Zeche am Tisch, stand auf und nahm mich verheißungsvoll zur Seite.

»Nun«, sagte Hugo, »dann rechnen wir mal ab. Was kostet das Zimmer?« Ich weigerte mich, das Wort Zimmer für dieses Etablissement in den Mund zu nehmen, und sagte: »Für das Frühstück bekomme ich 25 Mark, die Unterkunft war kostenfrei!« Er hob die Hand, stellte den Zeigefinger zu einer Drohgebärde auf und nahm mich ins Gebet. »Hören Sie«, sagte Hugo, »alles hat seinen Preis. Merken Sie sich das für die Zukunft. Außerdem waren Sie wunderbare Gastgeber.« Er holte eine fast A5-große krokodillederne Börse hervor, in der ich einen stattlichen Stapel von Tausendmarkscheinen aufblitzen sah. Ich schätzte den Stapel auf 25000 DM. Wohl gemerkt: DM. Wir hatten noch Mark der DDR als offizielles Zahlungsmittel.

Ich erstarte und musste den Kloß in meinem Hals herunterschlucken. Noch nie hatte ich so nah so viel Westmark auf einen Haufen gesehen. Ich gebe es zu, ich dachte, wenn der dir jetzt so ein Ding gibt, kannst du auf keinen Fall wechseln. Wir hatten vielleicht 30 oder 40 DM in irgendeiner Zigarrenkiste versteckt. Aber dann durchzog mich ein erregender Gedanke: Vielleicht würde er mir einen Tausendmarkschein geben und sagen: »Stimmt so!« Ich glaube, ich begann leicht und sichtbar zu schwitzen. Nun wühlte er zwischen den Scheinen und angelte einen im Stapel versteckten 50-Mark-Schein der DDR hervor. Diesen übergab er mir mit einer großen Geste. »Hier«, sagte er. »Der ist für Sie. Legen Sie dieses Geld gut an.«

Nun wusste ich: Nichts ist, wie es scheint. Und die Höhle über dem Hühnerstall ist doch eine Fürsten-Suite.

Intermezzo I

Es ist mir sehr wichtig zu wissen, ob sich meine Gäste auch tatsächlich wohl fühlen und wie glücklich sie nach einem Besuch meines Restaurants nach Hause gehen. Wenn ich den Gast persönlich anspreche und frage, wie es ihm geschmeckt hat, achte ich dabei auf die kleinste Geste oder Regung. Ich will nämlich die Wahrheit wissen. Augensprache ist das Zauberwort. Die Augen eines Gastes verraten mir seinen tatsächlichen Seelenzustand. Die allerbeste Möglichkeit herauszufinden, welchen Zufriedenheitsgrad mein Gast gerade durchmacht, ist es, unerkannt zu bleiben. Sozusagen inkognito. In den letzten Jahren ist das schwieriger geworden, denn die meisten Gäste kennen inzwischen den Patrone Guy. Aber das war ja nicht von Anfang an so. Zu Beginn meiner gastronomischen Karriere identifizierten mich nur die Gäste, die mich von der Bühne her kannten oder in der Zeitung ein Bild von mir gesehen hatten. Deshalb war es mir damals noch möglich, mich unter das »Volk« zu mischen, um zu hören, was es denkt und spricht. Ich weiß, »der Lauscher an der Wand hört seine eigne Schand'«. In meinem Fall handelt es sich aber um Kundenpflege, um den Tatbestand der Selbsterkenntnis. Was muss ich in Zukunft anders und besser machen, damit jeder Gast wiederkommt? Dieser Anspruch wird hoffentlich als Entschuldigung für meine »Heimtücke« durchgehen.

Es war ein schöner Samstag und ich nahm mir endlich mal die Zeit, mit meinem Pferd Donau, einer Schimmelstute, einen Ausritt zu machen.

Mein Freund, der Dorftierarzt Roland, gesellte sich mit Natali, auch einer Schimmelstute, hinzu. Die zwei Schimmelreiter waren also unterwegs. Nach zwei Stunden wurde ich unruhig, nicht nur wegen der Gesäßschmerzen, welche sich einstellen, wenn man nicht jeden Tag auf dem Pferd sitzt, sondern auch weil schönes Wetter und Wochenende war und unser »Gasthaus Am Weiher« wahrscheinlich wegen Überfüllung aus allen Nähten platzte. Also schnell die Gäule in den Stall, Stiefel aus und Schürze um.

Bei der Ankunft auf der Terrasse sah ich: Es ist voll, aber die Lage entspannt. Mein Freund Roland fragte, ob wir noch einen Kaffee zusammen trinken, und ich holte uns zwei Tassen aus der Gaststube. Wir nahmen die beiden letzten leeren Plätze ein und gesellten uns zu vier fremden Gästen an ihren Tisch. Ich grummelte vor mich hin: »Hier muss man sich seinen Kaffee noch selber holen, das ist so richtig typisch für die Brandenburger Gastronomie.« Daraufhin traf mich der böse Blick einer Frau am Tisch. Ich setzte sofort noch einen drauf und sagte: »Wahrscheinlich ist das Essen hier eine mittlere Katastrophe und dem Servicepersonal kann man beim Servieren die Schuhe besohlen.« Nun hatte ich das Fass zum Überlaufen gebracht. Einer der Gäste an unserem Tisch ergriff das Wort und sprach: »Wir sind auch aus Westberlin, aber so wie Sie führen wir uns nicht auf!« Seine Frau hakte ein und ergänzte die Vorrede ihres Gatten mit den Worten: »Wissen Sie eigentlich, was das für ein wunderbares Restaurant ist? Das Essen ist sensationell und der Service sowas von freundlich! Die geben sich solche Mühe und alles stimmt bis ins Detail!« Jetzt griff er wieder ein: »Das ist ein absoluter Geheimtipp. Im nächsten Jahr bekommt man hier keinen Platz mehr.«

Ich befürchte, Sie werfen mir jetzt »fishing for compliments« vor. Glauben Sie mir, sowas kann manchmal richtig gut tun. Außerdem hatte ich mit dieser Laudatio auf unser Haus überhaupt nicht gerechnet. Also schwächte ich meinen Anraunzer ab und lenkte ein: »Also ist das hier doch ein gutes Restaurant?« Fast wie im Chor kam die Antwort: »Eines der besten in Brandenburg. Unsere Freunde gehen nur noch hier essen, und wir kommen auch auf jeden Fall wieder. Die Eigentümer sollen nicht aus der Gastronomie sein, Künstler oder so. Der Mann ist Schauspieler, habe ich gehört«, sagte wieder die Frau. »Wie die das hier machen, da können sich die anderen aber eine Scheibe abschneiden«, meinte eine andere.

In diesem Moment erschien meine Kellnerin Ulrike an unserem Tisch und unterbrach uns mit den Worten: »Chef, Ihre Frau bittet Sie, in die Küche zu kommen!« Die Gesichter am Tisch waren eine Augenweide. Einen solchen Moment kann man nicht nachstellen, der ist einfach einmalig. Natürlich hatte ich ein schlechtes Gewissen, aber dennoch fand ich es schön, ein so ehrliches Lob zu erhalten. Nun wurde es Zeit, alles aufzulösen, und ich spendierte eine Flasche Sekt als Entschuldigung dafür, dass ich die Gäste auf den Arm genommen hatte.
Es wurde noch eine fröhliche Runde und eine Stunde später hatte ich nicht nur ihre Gunst, sondern auch neue Stammgäste gewonnen.

Ein klarer Fall von Brandstiftung

Es war Samstag, der 15. Juni 1996. Am Vorabend hatte ein bekannter Eberswalder Maler, Andreas, seine Ausstellung in unserem Theatersaal gehängt, denn mittlerweile hatten wir unsere Theaterbühne auch noch auf eine ständig wechselnde Galerie ausgeweitet. Unsere Besucher konnten am Wochenende zu den regelmäßigen Veranstaltungen ein wunderbares Menü verzehren, sich dem anschließenden Kunstgenuss in Form einer Show oder eines Theaterstücks hingeben und am Ende noch ein ihnen lieb gewordenes Bild erwerben, welches sie mit nach Hause nehmen konnten. Diese Abende waren zum Kult geworden und immer ausverkauft. An solchen Tagen war unser kleines Dorf Freudenberg regelmäßig von einer Berliner Blechlawine zugeparkt und forderte immer öfter die Missgunst der Dorfbewohner uns gegenüber heraus. Es gab mittlerweile zwei Lager: Das eine waren die rund 250 Einwohner, das andere die beiden Kunstkneipenwirte Annemarie und Hartmut Guy. Das Zusammenleben auf dieser Basis machte nicht nur Freude, sondern bot manchen Erzählstoff für lauschige Kaminabende. »Vergessen, verzeihen«, singt ein bekannter Schlagerstar. So wollen wir es auch halten.

An besagtem Samstagabend waren die vier Harmoniker, ein Streichquartett aus der erlesenen Gemeinschaft der Berliner Philharmoniker, bei uns engagiert. In diesem Rahmen war auch die Vernissage unseres Malers vorgesehen. Es versprach ein toller Abend zu werden. Das Schicksal löste dieses Versprechen in ungeahnter Tragweite tatsächlich ein.

Gegen 15 Uhr war ich auf Hochtouren mit der Vorbereitung der Abendveranstaltung beschäftigt und draußen auf der sonnendurchfluteten Terrasse tobte das Leben. Die Kellner hatten alle Hände voll zu tun, denn bei diesem Kaiserwetter war jeder Platz besetzt. Auf einmal kam mein Oberkellner Hans zu mir und meinte, er hätte Qualmwolken aus unserer Dachluke aufsteigen sehen. Ungläubig folgte ich ihm auf den Innenhof unseres Anwesens und lugte gen Himmel. Tatsächlich. Graue Qualmschwaden verließen das alte, kleine Dachfensterchen oben am First. Was jetzt, durchfuhr mich ein ängstlicher Gedanke. Ich schickte meinen Sohn mit einer Anlegeleiter aufs Dach, um durch das Fenster zu schauen, denn die Tür zum Dachboden ließ sich aus unerfindlichen Gründen nicht mehr öffnen. Oben angekommen, rief er mir zu: »Da ist alles voller Qualm, ich kann überhaupt nichts sehen!« Er zog seine Jacke aus, wickelte sie um seinen rechten Ellenbogen und schlug kurzerhand das Fensterchen ein. Ohne Vorwarnung kamen ihm züngelnde Flammen entgegen. Ich beorderte ihn sofort nach unten und ging schnellen Schrittes zum Telefon, um die Feuerwehr anzurufen. Mein nächster Weg führte mich auf die Terrasse, ich stellte mich sichtbar in die Mitte und forderte alle Gäste auf, ihre Sachen zu ergreifen und unser Haus sofort zu verlassen: »Es brennt!« Nicht alle verstanden, was sie gerade gehört hatten, und ich glaube mich sogar an eine kleine Kulisse von Gelächter erinnern zu können. Mit allem Nachdruck wiederholte ich: »Es brennt!

Das ist kein Scherz!« Nun kam eine Stimmung ähnlich dem Untergang der »Titanic« auf. Ich befahl meinen Kellnern, den Rückzug der Gäste zu organisieren, und machte mich auf den Weg in die Küche zu meiner Frau, die schon mitbekommen hatte, was uns drohte. All diese Abläufe tat ich wie in Trance – alles im Unterbewusstsein und wie ferngesteuert. Mein Gehirn weigerte sich, über die Konsequenzen nachzudenken. Die erste Sirene heulte auf, es war die der Dorffeuerwehr. Meine Frau gab generalstabsmäßig die nun nötigen Befehle an alle Mitarbeiter – und ich stand einfach nur da.

Ich stand da und war soeben innerlich gestorben. Nun meldete sich mein Gehirn und spulte in unfassbarer Geschwindigkeit mein bis dahin geführtes Leben ab, um gleichzeitig das Horrorszenario der Zukunft lebhaft wiederzugeben. Niemals möchte ich so einen Moment noch einmal durchleben müssen. Ich glaube, mir fehlen bis heute die Worte, meinen damaligen Gemütszustand genau zu beschreiben.

Es ging alles ganz schnell. Die Flammen erreichten in wenigen Minuten zehn bis fünfzehn Meter Höhe, der Zutritt zum angebauten Wohnhaus war nicht mehr möglich, denn dort wüteten die Flammen schon seit längerer Zeit. Das hatten wir aber nicht mitbekommen, da wir vorn im Restaurant beschäftigt waren. In weniger als zwanzig Minuten stand das gesamte Anwesen mit Restaurant, Wohnhaus und Pferdeställen lichterloh in Flammen. Vor dem Gebäudekomplex arbeiteten fünf Löschzüge der Feuerwehr auf Hochtouren daran, die Flammen mit Wasser zu bekämpfen. Außer einem, dem Zug der Dorffeuerwehr. Sie hatten vergessen, die Wasserpumpe aufzutanken, so dass ihr C-Rohr schlaff blieb. Dafür hatten einige Mitglieder der Dorffeuerwehr ordentlich getankt, schließlich war es fast 17 Uhr und da blieb nicht mehr viel Zeit, um bis zum Abend den üblichen Pegelstand zu erreichen. Ich will hier keineswegs behaupten, dass die Freudenberger Feuerwehrleute absichtlich den Löschvorgang boykottierten. Nein! Es war nur eben wie immer Freudenberger Dornröschenschlaf. Aber die Sache war zu ernst, als dass ich mich mit Betrachtungen über die Mentalität der Freudenberger aufhalten konnte. Zwischen den Feuerwehren bildeten sich zügig Beobachtungsposten aus dem Dorf. Alles, was Beine hatte und damit laufen konnte, war zum Brandmeeting erschienen. Es folgten große Teile der Nachbardörfer und so langsam trudelten auch schon die ersten Abendgäste zu unserem geplanten Konzert ein. Mit heutigem Abstand würde ich sagen: Es versprach eine heiße Party zu werden, im wahrsten Sinne des Wortes. Wäre da nicht dieses lodernde Flammenmeer gewesen, hätte man denken können, hier sei ein Volksfest mit Mordsgaudi im Gange.

Ich hatte vollkommen die Orientierung verloren und stand kurz vor der Bewusstlosigkeit. Dass ich alles nur noch ganz verschwommen und neblig sah, lag nicht an Qualm und Rauch, sondern an meinem seelischen Aggregatzustand. Eine Ärztin tauchte auf und gab mir eine Beruhigungsspritze. Dass die Ärztin von meiner Frau gerufen worden war, erfuhr ich erst am nächsten Tag. Kurz darauf verlangte ein Herr mich zu sprechen, der mir seinen Dienstausweis vor die Nase hielt und mit der Ansage »Kriminalpolizei!« das Gespräch eröffnen wollte.

Ich aber nahm daran nicht mehr teil, denn die Spritze zeigte nun ihre ganze Wirkung.

Der Vorbesitzer unseres Restaurants, der mittlerweile aus dem Westen zurückgekehrt war, uns das Anwesen 1992 verkauft und sich im Nachbarort angesiedelt hatte, erfuhr durch den gut funktionierenden Buschfunk im Dorf von der Katastrophe. Er kam mit seinem Auto herbeigeeilt, lud mich ein und brachte mich in sein Haus, wo ich, wie unter Vollnarkose, endgültig zusammenbrach. Meine Frau und der Rest der Besatzung sorgten für alles Nötige. Ich sah sie erst am Sonntagmittag wieder, nachdem ich mein Bewusstsein halbwegs wiedererlangt hatte. Alle Glieder fühlten sich an wie mit Blei ausgegossen, der Verstand schien meinen Schädel verlassen zu haben und die Hoffnung, alles sei nur ein böser Traum gewesen, platzte wie eine Seifenblase. Selbst mein Reden klang wie Schweigen und der Zustand der Unwirklichkeit lag wie Nebelschwaden über der Umgebung. Kein Geräusch drang bis zu meinem Bewusstsein durch und ich kämpfte alle fünf Minuten mit den Tränen. Die meisten dieser Zweikämpfe verlor ich.

Meine Frau war überdurchschnittlich gefasst, aber alles andere als gelöst, verständlicherweise. Irgendwann fuhren wir mit unserem Auto, so ziemlich das einzige, was überlebt hatte, zur Brandruine. Als wir ausstiegen, kamen in mir ganz furchtbare Assoziationen hoch. Ich stierte auf den noch immer qualmenden Asche- und Schutthaufen, welchen uns das Feuer hinterlassen hatte. Ich glaube, viele meiner ohnehin spärlichen Haare sind in diesem Moment ergraut. Was war uns geblieben? Das Auto, der Bernhardiner Urban, das Grundstück mit Ruine und die

Kleidung, die wir trugen. Der Rest verbrannt, verkohlt oder vom Löschwasser zerstört. Ach ja, wir hatten noch unser Leben. Diese Tatsache war mir bis dahin entgangen beziehungsweise unwichtig geworden. Mein Lebensmut war auf ein Minimum gesunken und eine riesige Hoffnungslosigkeit machte sich breit.

In diesem Moment fuhr eine schwarze Limousine vor und eine uns besonders liebgewordene Frau, die zu unseren engsten Stammgästen gehörte, stieg aus dem Wagen. Sie trug eine Sonnenbrille, um ihre verweinten Augen zu verbergen. Sie umarmte uns und konnte kaum sprechen. Nachdem wir kurz den Verlauf der Katastrophe geschildert hatten, zog sie einen Briefumschlag aus ihrer Handtasche und übergab ihn uns. »Das könnt ihr jetzt sicherlich gut gebrauchen«, sagte sie. Meine Frau öffnete den Umschlag mit zitternden Händen. Wir trauten unseren Augen nicht, im Briefumschlag lagen zehntausend Mark. Keiner von uns beiden konnte etwas sagen, natürlich wollten wir das viele Geld nicht annehmen. Aber Widerspruch war zwecklos. Die Dame sagte: »Ich will, dass ihr weitermacht. Ich habe genug Geld, mehr als ich brauche.« Sie umarmte uns noch einmal und verschwand. Weinend sahen wir ihr nach und keiner sagte ein Wort. Wenig später kamen einige Journalisten, denn Zeitungen und der Rundfunk, sogar Fernsehsendungen berichteten über das Geschehen. Aber im Gegensatz zu früher interessierte mich das kaum noch.

Am Montag erschienen die Versicherung und das Landeskriminalamt. Letzteres, um die Brandursache zu ermitteln. Der Begriff »Warmsanierung« lag schließlich seit Samstag in der Luft. Jeder, der uns kannte und wusste, wie viel Liebe, Kraft und Geld wir in unser »Baby« investiert hatten, konnte einen solchen Vorwurf nicht ernst nehmen. Außerdem waren wir nicht im Geringsten in finanziellen Schwierigkeiten, jedenfalls bis dahin, bis zum Brand, denn dieser Umstand veränderte sich später. Die Versicherung stellte natürlich eine Unterversicherung fest, welche bei der auszuzahlenden Summe in Abzug gebracht wurde. Glücklicherweise hatten wir uns eine Betriebsunterbrechungsversicherung aufschwatzen lassen, die uns half, über die nächsten Monate zu kommen. Unsere Hausratversicherung zahlte, aber nur die übliche Summe bei Totalverlust. Unsere mühsam zusammengetragenen Bilder, Bücher und andere Sammlerstücke waren natürlich nicht versichert. Dieser Schaden ist nicht zu beziffern und schon gar nicht zu ersetzen, ganz zu schweigen von den vielen persönlichen Dingen wie Fotos, Briefe und Erinnerungen.

C'est la vie – so ist das Leben.

Am Mittwoch waren die Fachleute vom LKA mit ihren Untersuchungen fertig. Die drei Beamten in schwarzer Kombination und Stiefeln wollten gerade in ihren mit Technik beladenen VW-Bus steigen, als ich sie ansprach: »Entschuldigen Sie, was ist denn nun als Brandursache herausgekommen?« Einer antwortete ziemlich kurz angebunden: »Wir können Ihnen keine Auskunft geben.« Aber als sie sahen, dass ich mit den Tränen kämpfte und meine Stimme fast versagte, sprach ein anderer: »Wir schließen Vorsatz aus.« Ein Felsbrocken von der Größe eines Grabsteines fiel mir von der Seele. Ich glaube, nach vier Tagen schien zum ersten Mal der Versuch eines Lächelns über mein Gesicht zu huschen. Immer noch wohnten wir bei unseren Vorgängern, die uns liebevoll aufnahmen. Aber mit dem Bernhardiner und unserer ganzen Situation fühlten wir uns auf die Dauer dort nicht wohl. Wir verließen so oft wie möglich das Haus, um ausgiebige Spaziergänge zu machen. Selten sprach einer von uns ein Wort. Jeder war mit sich und der unsicheren Zukunft beschäftigt.

Die Ausstellung von Andreas, unserem Maler aus Eberswalde, war natürlich ebenfalls den Flammen zum Opfer gefallen. Ich sah eine riesige Schadenersatzforderung auf uns zukommen. Aber im Gegenteil: Das einzige Bild, welches mit deutlichen Brandmarken überlebt hatte, schenkte er uns mit den Worten: »Euer erstes Bild für die neue Wohnung, in die ihr bald einziehen werdet. Die verbrannten Bilder kann ich alle wieder neu malen, vielleicht sogar besser als beim ersten Mal.«

Eine Woche nach dem Brand bekam ich einen Brief vom Streichquartett der Berliner Philharmoniker, in dem uns die Musiker mitteilten, dass sie auf die ihnen entgangene Gage verzichten, dafür aber nach dem Wiederaufbau des »Gasthauses Am Weiher« ein kostenloses Konzert geben werden. All diese unglaublich rührenden Erfahrungen werde ich niemals vergessen.

Am Montag, neun Tage nach dem Großbrand, meldete sich unsere Versicherung. Ein leitender Mitarbeiter war am Telefon. »Sitzen Sie, Herr Guy?«, klang es vom anderen Ende an mein Ohr. »Nein.« – »Dann nehmen Sie lieber Platz!« Ich tat so, als würde ich seiner Anordnung Folge leisten, blieb aber in Wirklichkeit stehen, denn ich war viel zu aufgeregt, um mich hinzusetzen. »Da haben wir den Salat!«, tönte er: »Brandstiftung!

Zweifelsfrei.« Ich muss in dieser Sekunde die Farbe einer Kalkleiste angenommen haben. Gleichzeitig bekam ich aufsteigende Hitze. »Was?«, schrie ich fast in die Sprechmuschel. »Aber die vom LKA haben doch gesagt, kein Vorsatz!« – »Nein, nein«, fiel er mir ins Wort. »Ein klarer Fall von Brandstiftung. Aber der Brandstifter ist dabei ums Leben gekommen.« – »Wie bitte?«, bebte jetzt meine Stimme. »Ja!«, intonierte die andere Seite, »ein Marder war's. Aber er ist bei dem Brand seinen Verletzungen erlegen.« Eine Schrecksekunde verging und dann schnallte ich es. Wir hatten es also mit einem Witzbold zu tun. Ich schwöre, hätte mir dieser Scherzkeks gegenüber gestanden, wäre mir meine gute Kinderstube abhanden gekommen und ich hätte ihn mit einem gezielten Schlag in die nächste Kieferorthopädie befördert. Sein Frühstück hätte er in den nächsten Wochen lutschen können. Aber er war weit weg und hatte Glück. Sei's drum.

Die Versicherung zahlte, wenn auch vermindert, eine stattliche Summe. Wir nahmen einen zusätzlichen Kredit auf, auch eine stattliche Summe, und bauten an alter Stelle wieder ein schönes neues Restauranttheater auf. Viele halfen uns mit Tatkraft, Geld und echter Freundschaft. Ich spürte, wie eng die Menschen zusammenrücken können, wenn man Hilfe braucht. Trotzdem kam alles anders. Ein Jahr nach der Wiedereröffnung gingen meine Frau und ich getrennte Wege. Das Kult-Kultur-Gasthaus schloss wenig später seine Pforten, übrigens für immer. Aber ein Ende ist zugleich auch ein neuer Anfang. Seit damals sind fast 14 Jahre vergangen. Geblieben sind Freundschaften, Erinnerungen und wieder auferstandener Lebensmut.

Pavarotti auf dem Rosenteppich

Nach drei Monaten harter Arbeit rückte der Eröffnungstermin für das »Guy« näher. Die Tage wurden kürzer, die Arbeitstage immer länger und ich wusste oft nicht, was ich zuerst tun sollte. Obwohl ich das gesamte Team schon einen Monat vor der Eröffnung eingestellt hatte, 27 Leute, waren es scheinbar noch zu wenige Hände, die zupackten. Dazu kam, dass die Bauarbeiter sich die Klinke in die Hand gaben und Nachtschichten fast normal wurden. Überall lag Baustaub, in jeder Ecke wurde gewerkelt, gehämmert, gestrichen und geschliffen. Hier wurde noch teures Parkett verlegt, da gefliest und dazwischen versuchte schon ein Dekorateur, Bilder aufzuhängen. Mit einem Wort: Chaos. Aber das gehört dazu, und ohne würde die Eröffnung wahrscheinlich misslingen. Neben den vielen offenen Fragen, die noch zu klären waren, stand eine besonders im Mittelpunkt: Die Eröffnungsparty.

Zu meinen Bühnenzeiten nannte man das Premierenfeier. Aber die waren eher spartanisch ausgefallen gegen das, was ich vorhatte. Das Ziel war, so viele interessante Leute einzuladen wie möglich, und die Eröffnung mit viel Spektakel zu gestalten, damit alle am nächsten Tag davon sprechen: Das »Guy«, da musst du unbedingt hingehen! Speisen und Getränke im Überfluss, tolle Atmosphäre und Promis ohne Ende, Künstler mit fantastischen Programmen, Stars, die jeder kennt. Und kein Gast braucht irgendetwas bezahlen. Na super, was das wieder kostet. Mir verschwammen die Zahlen vor den Augen. Ich hatte nur noch ein sehr kleines Budget, denn die Ausstattung und alles, was wir bauen ließen, wurde natürlich teurer als geplant, also war das Geld knapp. Aber ein Restaurant mit meinem Namen darüber konnte doch nicht einfach nur aufschließen, dachte ich mir. Heute weiß ich: Das geht durchaus stiller, bescheidender und vor allem viel billiger. Aber wie heißt es so schön: Fehler muss man selber machen. Obwohl, ob es sich tatsächlich um einen Fehler gehandelt hat, das weiß ich nicht genau. Diese gigantische Party zu schmeißen, war nicht unbedingt falsch, denn mein Konzept ging auf. Am nächsten Tag waren die Zeitungen voll und man hatte das Gefühl, die Stadt sprach von mir.

Aber zurück zur Planung.

Ein Termin wurde bestimmt: Der 9. Juli 1999, ein Freitag. Schönes Sommerwetter wurde bestellt, kostenlos. Einladungslisten wurden erstellt. Wen einladen? Natürlich die engsten Freunde und deren Freunde. Kollegen – ganz wichtig. Tust du es nicht, ist das Restaurant nicht besonders. Tust du es doch, kann es passieren, dass alles ziemlich daneben war, was du gemacht und angeboten hast. Selektierst du gar, kann es ganz schlimm werden mit den Kollegen, die sich ausgegrenzt fühlen, und lädst du nur die Großen der Branche ein, bist du ein kleiner, unbedeutender, aber ganz netter Mitbewerber. Aber bitte, dass Sie mich nicht falsch interpretieren. Eigentlich verstehen sich die Berliner Gastronomen untereinander hervorragend und Neid ist nicht ihr ständiger Begleiter. Nur manchmal, und dann durchaus spürbar, was ja auch seine gute

Seite hat. Ein Sprichwort sagt schließlich: »Neid muss man sich erarbeiten, Mitleid bekommt man geschenkt.« Wie wahr. Dann die Offiziellen, auch nicht ohne. Schließlich brauchst du Genehmigungen usw., bei den zuständigen Behörden ist ein gewisser Bekanntheitsgrad von Vorteil. Nun war ja unsere Einladungsadresse schon mal eine ziemlich klare Ansage: Gendarmenmarkt! Immobilienhaie umschreiben diese Lage gern mit dem Begriff »1 AAA«-Lage. So fallen übrigens dann auch die Mieten aus, aber das ist ein anderes Thema, und ich will mir beim Schreiben dieses Kapitels nicht die Laune verderben. Also weiter im Text. Zu der Rubrik »Offizielle« dachte ich: Die Damen und Herren der Regierung sollten durchaus ihre neue Kantine miteröffnen, also wurden alle eingeladen. Der Kanzler, der Außenminister, alle Parteivorsitzenden, übrigens ohne Ausnahme, der Regierende Bürgermeister, der Parlamentspräsident, Senatoren usw. usw. Alle sagten ab, außer der FDP mit ihrem damaligen Chef, und Walter Momper natürlich. Er übernahm auch die Aufgabe, einige offizielle Worte zu sagen. Sie fielen sehr persönlich aus und bereiteten mir große Freude. Künstler wurden eingeladen, einige aus meiner alten Bühnenzeit und durch eine eigens eingeschaltete Agentur auch einige sehr bekannte Filmstars und Sternchen. Aber nun die Frage: Wer tritt auf? Ich dachte sofort an Harald Juhnke. Erstens ein toller Komödiant, und dafür hab ich schließlich was übrig. Zweitens ein so genannter A-Promi, der für Schlagzeilen sorgt. Wenn er denn kommt und nüchtern ist. Aber selbst wenn er wegen eines unvorhergesehenen Whisky-Gelages nicht auftreten kann, sorgt er schließlich auch für die besagten Schlagzeilen.

Aber die Frage »Juhnke oder nicht« regelte sich von ganz allein, nämlich durch den Preis. Ich lasse die genaue Summe, die dafür aufgerufen wurde, mal außen vor, aber glauben Sie mir, nur ein unvorhergesehener Lottogewinn in der Kategorie Fünfer mit Zusatzzahl hätte einen Auftritt eventuell in den Rahmen des Möglichen gerückt. Judy Winter, ich sah sie mit ihrem Marlene-Abend, hätte mir auch sehr gut gefallen. Ausgebucht. Da kann man nichts machen. Auch andere Namen, bekannte und noch nicht so ganz bekannte, geisterten durch die ständigen Ideen-Konferenzen und meine schlaflosen Nächte. Ein Name stand glücklicherweise schon fest. Meine gute Freundin Anke Lautenbach, eine großartige Sängerin, sie war schon in Freudenberg in meinem Restauranttheater aufgetreten und begeisterte immer meine Gäste mit ihrer gewaltigen Stimme. Übrigens, auch das gibt es noch: Sie trat zur Eröffnung für mich ohne Gage auf. Danke, Anke!

Aber wir brauchten noch einen Superstar. Die eingeschaltete Agentur lud mich zu einem Gespräch ins Hilton ein. Es ging um die Give-Aways, die am Ende der Party mit nach Hause genommen werden. Wir entschieden uns für Regenschirme in Weinrot mit einem wunderschönen goldenen Guy-Logo, dazu langstielige weiße Rosen, 350 Stück an der Zahl, und Kugelschreiber mit meiner Werbung drauf. Als ich den Auftrag unterschrieb, zögerte meine rechte Hand ein wenig, ferngesteuert von dem Teil meines Gehirns, welcher für die Finanzen zuständig war. Aber es sollte nun mal sein und der Ausblick auf rosige Umsatzzeiten in meiner optimistischen Gehirnhälfte führte den Stift zur zittrigen

Unterschrift. Nun kam der zweite Tagesordnungspunkt, der Stargast. Die Dame schlug vor: »Luciano Pavarotti!« Stille.

Selbst die Straßengeräusche vom geöffneten Fenster verstummten abrupt. Mein verblüffter Blick, gepaart mit völligem Unverständnis für diesen Vorschlag, muss so dämlich ausgesehen haben, dass mir die Dame sofort Tee in meine noch fast volle Tasse nachgoss. Es fehlte nur noch die Schmerztablette und die Situation hätte wieder gestimmt. Ich schüttelte mich mit einer aufgesetzten Geste und fragte nach: »Wen bitte?« Kleine Pause, dann: »Luciano Pavarotti!« Sie verzog keine Miene. Im Gegenteil, ihr fast triumphierender Blick sagte: Sie meint das ernst! Nun rutschte ich auf die äußerste Kante meines bequemen Ledersessels und setzte eine seriös wirkende Miene auf: »Gute Frau«, begann ich. »Wie, bitte, soll ich diesen Herrn bezahlen? Sie überschätzen offensichtlich meine finanziellen Möglichkeiten um ein Vielfaches.« – »Ach, so schlimm ist das nicht«, wiegelte sie ab. Es klang fast so, als würde es sich um die Anschaffung eines Satzes von sechs neuen Eierbechern handeln und nicht um das Engagement eines Weltstars, den lebenden Tenor überhaupt! Nun wurde es mir zu dumm. Ich forcierte meine Stimme und sagte: »Jetzt mal Butter bei die Fische! Ich habe allerhöchstens fünftausend Mark für diesen besagten Stargast zur Verfügung! Und ich kann mir beim besten Willen nicht vorstellen, dass Pavarotti für dieses Handgeld zu haben ist. Es sei denn, er wäre aus Schokolade und von der Größe eines üblichen Weihnachtsmannes in Stanniolpapier. Für fünftausend Mark lässt der nicht mal im Schlaf eine seiner beiden großen

Zehen für mich singen, geschweige denn würde er im ›Guy‹ auftreten!«

Sie lachte laut auf. Was hatte das jetzt zu bedeuten? War ich so komisch oder war Luciano gerade verarmt und brauchte dringend ein paar Mücken? Oder hatte sie etwa vor, mich weiter zu veralbern? Jetzt setzte sie sich vorne auf die Kante ihres Sessels und kam mit ihrem zugegebenermaßen sehr augenscheinlichen Dekolleté in riskante Nähe zu mir. »Herr Guy«, leitete sie fast etwas bemitleidend ein, »ich habe Sie ein bisschen hochgenommen, aber nur ein bisschen. Es gibt in Köln ein Double von Pavarotti. Wenn Sie das sehen, fallen Sie ins Essen. Diesen Mann würde nicht mal Pavarottis Ehefrau vom echten unterscheiden können. Der singt sogar, aber keine Sorge, bei seinen Auftritten singt er playback vom Original. Ich habe ihn schon erlebt. Die Leute waren aus dem Häuschen und keiner wollte glauben, dass er nicht der echte ist. Das ist ein Knaller! Und den kriegen Sie für Ihre 5000 Mark«, fügte sie noch hinzu. Nun rutschte ich zurück in den Sessel, ließ von ihrem mächtigen Dekolleté ab und überlegte. »Ein Double«, sagte ich leise, »und dafür 5000 Mark?« – »Ja, billiger kriegen Sie den nicht. Aber glauben Sie mir, der sorgt für Furore!« Ich wollte Bilder und Videos sehen und war noch lange nicht überzeugt. Aber sie blieb dabei und die Zeit drängte. Je länger ich darüber nachdachte, desto besser gefiel mir ihr Vorschlag. Warum eigentlich nicht? Ich bin ja für Überraschungen bekannt und auch dafür, dass ich keinen Spaß auslasse. »Sie garantieren mir, dass der Typ ankommt?«, fragte ich. Sie antwortete, indem sie ihre Arme nach oben riss und ihre Brüste fast aus der Halterung schwappten: »Hundertprozentig!« – »Engagieren Sie unseren Weltstar und sagen Sie ihm, wenn es nicht oberhammermäßig wird, werde ich dafür sorgen, dass er nur noch ›Pavarotti für Arme‹ genannt wird.«

Ich verließ überdurchschnittlich gut gelaunt ihr Büro und hätte auf dem Hotelflur fast Hopse in den Karos des Hotelfußbodens gespielt, wären mir nicht gerade Gäste entgegengekommen.

Die Einladungen wurden verschickt, mit Rückantwort versteht sich, und die Vorbereitungen nahmen Fahrt auf. Einige Tage vor der Eröffnung ließ ich auf der Straße unter meinem gerade angebrachten Namenszug aus Messing ein Foto von mir machen. Da stand er, mein Name, in großen Lettern und prangte in der Sonne wie pures Gold. Sicherlich ist das ein gutes Omen, dachte ich.

Auf die Straße ließ ich aus 15 Müllsäcken die über die Jahre gesammelten Weinkorken aus meinem Restauranttheater kippen. Geschätzte 20 000 Stück, ein riesiger Berg, in welchen ich mich mit einem Glas Champagner setzte und eine einladende Geste machte. Sicherlich ein bisschen verrückt, aber so bin ich nun mal, und auch Sie werden das nicht mehr ändern.

Der große Tag rückte näher, meine Aufregung stieg und stieg. Schlafen fiel immer öfter aus. Schlafen kann ich, wenn alles überstanden ist, gab ich als Parole aus.

Dann war es endlich soweit. Das Restaurant sah aus wie aus dem Ei gepellt. Das Serviceteam in extra geschneiderten Westen, dunkelrot-orange gestreift, natürlich mit Guy-Logo auf der Brust, dazu weiße Bistroschürzen. Vierzehn Mann an der Zahl, die Hälfte Mädels, und was für welche, die sahen zum Anbeißen aus. Benno, mein erster Restaurantleiter, groß gewachsen, schwarzes, volles Haar, äußerst smart und dreisprachig – eine Augenweide für die Damenwelt. Dann Stefanie, seine Stellvertreterin, das Pendant zu Benno, groß, schlank, apart und Augen wie Blitze. Sie schwärmte für Robbie Williams, und ich glaube, wäre er ihr begegnet, er hätte das Gleiche für sie empfunden. Später sollte sie dann auf die erste Stelle im Restaurant vorrücken, verdientermaßen.

Das Küchenteam – gleich vorneweg: keine Augenweide. Aber die Herren in Weiß mit einer Dame hatten andere Stärken. Im wahrsten Sinne des Wortes eine bärenstarke Truppe. Michael an der Spitze, unser Küchenchef, im Zweitberuf Bodybuilder. Er hatte neben seiner Frau noch zwei große Lieben: Kochen und Muskeln. Manchmal konnte das sogar von Vorteil sein. Aber eben nur manchmal. Zwölf Männer, eine Frau – ganz in Weiß und natürlich ein Guy-Logo, aber diesmal am Ärmel. Und dann noch: Der Chef von's Janze. Ich. Klein, etwas pummlig um die Hüften, schütteres Haar, aber immerhin Dreitagebart und eine ganze Menge Selbstbewusstsein und Ideen. Eine ordentliche Portion Charme dazu. Ein Macher – ja, so würde ich mich beschreiben.

Ich hörte es gern, wenn meine Angestellten mich »Cheffe« nannten. Hinter meinem Rücken hieß ich »der Alte«. Traf ja auch zu: Ich war damals 43 und die Mannschaft im Durchschnitt 25. Beim ersten gemeinsamen Fototermin war ich selbst vollkommen überwältigt von der gigantischen Größe meiner Truppe. Zwei Dinge wurden mir klar: Erstens, wir werden es den Gästen zeigen. Und zweitens, mein Steuerberater wird mir meine Lohnkosten um die Ohren hauen. Beides traf übrigens ein.

Am 9. Juli um 16 Uhr stand ich in meiner Wohnung und nahm vor einem bodenlangen Spiegel mein Outfit ab. Ich sah übermüdet, aber aufgekratzt aus und mir war klar: Morgen früh brichst du erschöpft zusammen. Ich habe offensichtlich hellseherische Fähigkeiten, denn auch diese Vorhersage traf ein. Um 17.30 Uhr hatte ich ein Interview mit einem Fernsehteam vom RBB, das schon öfter über mich berichtet hatte. Das absolvierte ich mit Bravour und Esprit, ließ genug Vorfreude und innere Aufregung aufblitzen und war froh, als sie abgedreht hatten, denn die Spannung stieg auf den Siedepunkt. Um 19 Uhr kamen die ersten Gäste. Meine Agenturchefin war schon da und ich fragte sie, wo Pavarotti stecke. Sie beruhigte mich und meinte: Alles läuft nach Plan. Wunderbar, dachte ich. Sie hat einen Plan und ich die Aufregung. Ich musste vor rund 450 Gästen eine Rede halten, so viele erwarteten wir nämlich. Bei dieser Rede musste ich richtig gut rüberkommen, Begeisterung und Neugier wecken, aber natürlich nicht zu sehr auf die Tasche hauen, alles im richtigen Maß, gleichzeitig ein Auge auf den Service, ein Auge auf die Küche haben, jeden anlächeln, für jedes Gespräch bereit sein, niemanden bevorzugen oder benachteiligen, immer für ein Foto parat stehen, der Presse Fragen beantworten und was noch: Essen! Unbedingt etwas in den Magen bekommen! Denn nach maximal zwölf Stunden Schlaf in den letzten sieben Tagen und kaum einer geregelten Mahlzeit war ich vollkommen ausgehungert. Ein Glas Champagner und der Teufel Unvernunft würde mich niederstrecken. Also aufpassen und essen, essen, essen.

Aber alles lief glatt. Die Gäste strömten in Scharen,

über den Abend verteilt waren es sogar 750 Personen. Das ist eine stattliche Zahl, und so sah unser Haus am nächsten Tag auch aus. Wenn ich nicht gewusst hätte, dass es meine Eröffnung war, hätte man beim Anblick des Scherbenhaufens denken können, hier fände eine Geschäftsauflösung statt. Aber Pustekuchen. Um 12 Uhr mittags mussten wir das erste Mal regulär öffnen. Angesichts der eingeschlagenen Bombe und der schlaffreien Nacht aller Mitarbeiter hielt ich das für unmöglich. Aber dieses Wort ist aus der Terminologie der gehobenen Gastronomie gestrichen. Also öffneten wir pünktlich, und siehe da, alles ging gut.

Aber zurück zur Eröffnung. Ich trat um 20 Uhr auf das kleine Bühnenpodest und hielt meine Ansprache. Ich hatte das Gefühl, die Leute fanden meine Worte witzig und dem Anlass entsprechend. Als es dabei um meinen Traum von einem eigenen Restaurant am Gendarmenmarkt ging, hatte ich das Gefühl, einen Kloß im Hals zu spüren und gegen die Tränen ankämpfen zu müssen. Man sagt ja immer: Tränen sind keine Schande. Aber wie ein Schlosshund wollte ich nun auch nicht heulen. Ich erinnerte mich an die in der Schauspielschule erlernte Stütztechnik und siehe da, ein strahlender Redner stand vor den Gästen. Nun sprach Walter Momper als Vertreter der Stadt und es wurde von allen wohlwollend aufgenommen, dass der Parlamentsvizepräsident persönlich bei der Eröffnung sprach. Gläser klangen aneinander, Häppchen wurden gereicht, Musik aus der Konserve gespielt und die Stimmung war ausgelassen bis sehr gut. Gegen 21 Uhr konnte ich meine Freundin Anke Lautenbach ankündigen und sie legte wie erwartet einen Wahnsinnsauftritt hin.

Die Leute jubelten, Bravo-Rufe waren zu hören und ich war glücklich. Doch wo blieb Pavarotti?

Jetzt ging ich forschen Schritts zur Agenturchefin und fragte mit Nachdruck, ob es sich bei unserem Stargast um eine Luftnummer handele. »Nein«, fuhr sie mir in die Parade, »in zehn Minuten ist es soweit. Sie sagen dann bitte allen Gästen, sie mögen doch auf die Straße rauskommen, um ihn dort zu begrüßen.« Nun gut, dachte ich. Also stieg ich auf die Empore, trat ans Mikrofon und sagte: »Ladies and Gentlemen, meine Damen und Herren! Es ist soweit! Der große Moment ist gekommen, er ist da! Unser Stargast! Treten Sie mit mir vor die Türe und feiern Sie die Ankunft eines Weltstars in der ihm gebührenden Art und Weise!«

Bei diesem Satz hätte ich mir fast in die Hosen gemacht. Was ist, wenn dieser Typ nicht mal die Schnürsenkel eines Weltstars hat? Aber zu spät. Ich hatte ihn angekündigt, und nun musste das Schicksal seinen Lauf nehmen. Alle strömten auf die Straße, vorbei an den beiden Blumenkübeln, in denen wir die 350 weißen Rosen verwahrten. Ich traute meinen Augen nicht: Fast alle Frauen ergriffen eine und gingen damit auf den Bürgersteig vor mein Restaurant! Halt, dachte ich, jetzt noch nicht! Doch zu spät! Nach fünf Minuten standen vielleicht noch lächerliche 35 Stück im Kübel und sahen etwas traurig aus. Ich schleuste mich durch die Massen, um an die Bordsteinkante zu gelangen. Schließlich wollte ich ja unseren Ehrengast persönlich begrüßen.

Was nun geschah, hätte eine Hollywood-Produktion nicht besser inszenieren können. Aus der Charlottenstraße bog eine riesige Stretch-Limousine um die Ecke, die im Schritttempo fuhr. Um den Wagen liefen vier schwarz gekleidete kahlköpfige Bodyguards mit Sonnenbrille, obwohl es dunkel war. Ich hatte eine mittlere Herzattacke. Der Wagen hielt, ich öffnete die hintere Tür und eine schwammige Masse Mensch wälzte sich aus dem Fond des Wagens. Als er sich endgültig in voller Lebensgröße ausgewickelt hatte, stand er leibhaftig vor mir: Luciano Pavarotti! Ich war sprachlos, und der Rest der Meute mit mir. Aber die Meute nur vier Sekunden lang. Dann brach ein unbeschreiblicher Jubel aus und die Damen warfen dem Startenor ihre Rosen vor die Füße. Sofort war das freie Stück Bürgersteig ein einziger Rosenteppich. Rufe wie »Maestro« oder »Bravo« wurden in die Nacht gebrüllt. In diesem Moment hätte ich meiner Agenturchefin gern ein paar Küsse auf ihr Dekolleté verpasst, aber leider war sie nicht in der Nähe. Die Bodyguards bahnten sich eine Schneise durch die Menge und Luciano wurde in den Innenhof geleitet. Sofort begab er sich auf die Bühne, vor der sich die Bewacher postierten, so dass niemand näher als drei Meter an ihn herankam. Nach einem erheblichen Gerangel waren alle wieder im Haus, man stand dicht gedrängt und harrte der Dinge, die da kommen sollten.

Pavarotti II. räusperte sich, tupfte sich äußerst stilecht den Schweiß mit dem obligatorischen Tuch ab, welches auch Pavarotti I. immer benutzte, grätschte leicht die Beine, wobei er noch wuchtiger wirkte, machte eine huldvolle Geste zum Kapellmeister, welcher in unserem Fall aus einem DJ bestand, und die Musik begann zu spielen. Natürlich »Nessum dorma«, wie konnte es anders sein. Schon bei den ersten Takten brandete begeisterter Beifall auf, mit den üblichen Zwischenrufen: »Still! Der Maestro singt!« Und er sang, was das Zeug hielt. Nur dass die Stimme natürlich aus der Konserve kam und dem echten Pavarotti gehörte.

Dem Teil des Publikum, der dies bemerkte, war es egal, unter dem Motto: Hauptsache, er ist da! Außerdem hat der Guy wahrscheinlich nicht genügend Kohle, um ihn auch noch live singen zu lassen. Der andere Teil, der den Konservengesang nicht ausmachen konnte, war so entzückt, dass nicht einmal ansatzweise Zweifel an der Echtheit unseres Pappmaché-Tenors aufkamen. Oben auf der Bankett-Terrasse stand der Intendant der Berliner Staatsoper mit seinem Konzertmeister. Auch sie waren meiner Einladung gefolgt. Das hatte ich nicht berücksichtigt. Später erfuhr ich von Gästen, die in seiner Nähe standen, er habe gesagt: »Das ist nicht der echte! Wenn der in der Stadt wäre, wüsste ich das!«

Nach drei Arien und einer Zugabe verließ unser Hilfs-Pavarotti unter tumultartigen Protesten die Bühne – nicht, weil er nicht erkannt werden wollte, nein: Mehr Nummern hatte er nicht dabei. Egal. Beim Auszug des Gladiators nahm er stehende Ovationen entgegen. Andere hätten es auch gar nicht sein können, denn die Leute standen ja bereits. Draußen über die schönen Rosen latschend, ab in die Limousine, und weg war er. Ich glaube, mindestens die Hälfte aller Gäste ist ihm bis auf die Straße gefolgt, um ihn würdig zu verabschieden. Der Gag war gelungen. Ich hatte eine diebische Freude daran, in Schweigen gehüllt durch die aufgewühlte Menge zu stolzieren.

Ich nahm sozusagen die Parade ab. Wenn er vorhin der Gladiator war, war ich in diesem Moment Julius Cäsar.

Den ganzen Abend ging es nur um diese Sensation: Guy holt Pavarotti nach Berlin. Am späteren Abend, nachdem einige Gäste Zweifel in die Menge gestreut hatten, entflammte eine leise Diskussion darüber, ob er es war oder nicht. Wie dem auch sei: Das Husarenstück war gelungen und alle hatten einen riesigen Spaß. Gegen Mitternacht tauchte unser Verwechslungskünstler in Begleitung seiner Frau wieder auf, diesmal in Zivil. Er wurde umringt und gab Autogramme – auf Italienisch. Aber er überreichte sie mit einem herrlichen Kölner Dialekt.

Caipirinha und Brioni

Im November 1999 bekam ich einen Anruf vom Bundeskanzleramt mit der Mitteilung: »Der Bundeskanzler wird heute Abend um 20 Uhr bei Ihnen speisen. Dazu benötigen wir einen ruhigen Tisch für drei und einen weiteren Tisch für vier Personen.« Ich habe weiß Gott keinen Dünkel. Doch wenn das Bundeskanzleramt am Telefon ist und der Anrufer eine solche Reservierung mit dem Ton absoluter Selbstverständlichkeit tätigt, beschleicht mich das Gefühl: Dies wird ein ganz normaler Tag – nur diesmal eben mit dem Bundeskanzler.

Es geschah genau so. Ich konnte eine leichte Aufregung nicht leugnen. Vielleicht war es ja auch ein bisschen Stolz? Von einer Dorfkneipe mit frischer Landluft zur Kanzlerkantine, das war schon ein weiter Weg. Aber die Tagesordnung rief und die Zeit war zu knapp, um in Selbstverliebtheit zu baden. In anderen Restaurants speist er fast täglich, verdeutlichte ich mir, und das Thema war gegessen. Um die Mittagsstunde kamen zwei Herren vom LKA, um die Lage zu peilen. Das kannten wir schon. Die Sitzplätze für den Begleitschutz wurden festgelegt und ein schöner Tisch für Schröder, unseren frischgebackenen Kanzler, reserviert. Schon nahm der Alltag wieder seinen Lauf und fast hätte ich gar nicht mehr an unseren Regierungschef gedacht, wäre nicht der Restaurantleiter mit der Frage gekommen: »Chef, wer sollte Ihrer Meinung nach unseren Gerhard heute bedienen?«

Mir schien diese Frage fast etwas respektlos, aber dann fiel mir ein, Schröder wurde von fast jedem Berliner Taxifahrer nur »Gerhard« genannt. Auch ich fand ihn hemdsärmlig und sehr volksnah, was allen unseren Politikern sehr gut zu Gesicht stehen würde. Man konnte ihn öfter in einem Biergarten in Mitte sitzen sehen, plaudernd mit dem »Volk«. Wer von ihm ein Foto mit der Oma wollte, bekam es. Wer ihm auf die Schulter klopfen wollte, durfte das. Und heute Abend sitzt er bei mir. Ich entschied: Die Begrüßung mache ich persönlich und seine Station macht Elli. Sie war professionell und charmant, ohne über ein zu großes Maß an Sensationslust zu verfügen.

Er kam etwas verspätet, nahm meinen Willkommensgruß kurz, aber freundlich entgegen und ging schnellen Schrittes an seinen Tisch. Ich wunderte mich, wie zielstrebig er diesen aufsuchte. Offensichtlich war er geografisch eingewiesen worden. Oder war das der Kanzlerinstinkt? Die Karte wurde übergeben, ein Aperitif abgefragt und die Weinkarte dezent dazu gereicht. Problemlos erfolgte die Bestellung und schnell war er mit seinen beiden Begleitern ins Gespräch vertieft. Ein Teil des Personenschutzes nahm an der Eingangstür Platz, der andere in Sichtweite zum Regierungschef. Das war's. Nichts Spektakuläres war passiert und der Abend hätte normaler nicht sein können.

Minuten später erschien mein guter Freund Franz, eine besternte Kochlegende aus Berlin, mit seiner Lebensgefährtin. Ich suchte ihm einen schönen Zweiertisch in der Nähe der Treppe zum Weinkeller aus und hielt mich immer mal bei den beiden auf, um zu plaudern. Wir

Gastronomen sehen uns nämlich nicht allzu häufig und da ist so ein Überraschungsbesuch sehr willkommen. Man tauscht die neuesten Neuigkeiten und die spektakulärsten Gerüchte aus und vor allem lacht man bei so einem Zusammentreffen gern und viel. Irgendwann bemerkte Franz: »Du hast ja heute hohen Besuch!« Ich wiegelte ab und sagte: »Ja, aber der geht auch auf dieselbe Toilette wie du und ich.« Als ob Schröder es gehört hätte. Ein Personenschützer stand auf und ging zur Toilette im Weinkeller. Dort musste er an einem einzelnen Gast vorbei, der genau zwischen Bar und Säule stand, und den etwa 1,20 m breiten Durchgang zum Örtchen unbewusst versperrte. Dieser einzelne Gast war tief in sich selbst versunken und schlürfte immer wieder mal an seiner Caipirinha. Kaum war der Bodyguard auf der Toilette verschwunden, stand unser aller Kanzler auf und lief mit riesigen Schritten seinem Begleiter nach. Seine Art zu laufen erinnerte mich an ein loslaufendes Ampelmännchen. Seine Schritte waren so lang, wie er hoch war. Als er an unserem Tisch vorbei kam, stellte ich fest, dass er gar nicht so groß ist. Auf keinen Fall so groß wie sein Vorgänger. Natürlich ist das ausschließlich körperlich gemeint. Beim Vorbeigehen auf seinem Weg zum WC fragte ich artig, ob er denn bislang mit unserer Leistung zufrieden sei. »Danke, ausgezeichnet«, gab er genauso höflich zurück. Seine Antwort klang ein wenig stereotyp und ich wusste nicht so recht, ob wirklich alles so war, wie er und ich es uns vorgestellt hatten. Zu einer Antwort auf diese Frage kam ich jedoch nicht mehr. Forschen Schrittes begab er sich, die Treppe nehmend, in den Weinkeller hinunter, ging zielstrebig und ohne jedes Zögern auf die

Tür zu, deren Schrift verriet: Hier kannst du deine Notdurft verrichten.

Es gab da nur ein kleines Problem. Zwischen ihm und der Toilettentür versperrte der erwähnte Gast mit seinem Drink in der Hand den Weg. Schröder ging todesmutig auf den Widersacher zu, bis er auf eine geschätzte Entfernung von nur dreißig Zentimetern vor dessen Gesicht stand. Der Gast schwenkte den Kopf und stand plötzlich Aug in Aug in trauter Zweisamkeit vor dem Kanzler der Bundesrepublik Deutschland. Seinen Gesichtsausdruck hätten Sie sehen sollen. Eine Stunde Millowitsch-Theater wäre nicht annähernd so lustig gewesen. Der Caipirinha-Trinker verkrampfte sich und Schröder ergriff die Initiative mit den folgenschweren Worten: »Darf ich bitte mal durch?« In diesem Moment löste sich der Griff um das Caipirinha-Glas, es fiel mit lautem Scheppern auf den Tresen und schleuderte unvermeidlich eine gehörige Portion rumdurchtränkten Rohrzucker mit Eis und Limette durch die Luft. Gerhard Schröder wurde von einigen dieser Flugobjekte erwischt und sein Brioni-Anzug erhielt ein neues Muster. Vollkommen aus der Bahn geworfen, versuchte der Gast alles ungeschehen zu machen, indem er verzweifelt am Kanzler und dessen italienischem Beinkleid herumwischen wollte.

Dazu kam es aber nicht, denn inzwischen hatte der Bewacher die Toilette ruckartig verlassen, sorgte mit einem geübten Griff dafür, dass unser Barbesucher vom Staatsmann abließ und mit den Worten des Kanzlers »Kann passieren, nicht so schlimm« verschwanden beide in der Nasszelle. Unser Gast war außer sich vor Verzweiflung, doch ich wusste nicht, wie ich hätte helfen können.

Ich stand immer noch da, regungslos und handlungsunfähig. Das kurze Schauspiel hatte mich in die Verlegenheit gebracht, entscheiden zu müssen: Ist das jetzt gerade zum Lachen oder zum Weinen gewesen? Ich entschied mich wie immer für den Humor. Als der Kanzler mit seiner Begleitung wieder auftauchte, wollte der Gast unbedingt die Kosten für die Reinigung übernehmen, was der Kanzler großzügig ablehnte. Wahrscheinlich wollte er um keinen Preis hier und sofort seine Hosen herunterlassen. Oben an der Treppe wollte ich beim Anblick der feuchten Flecke auf seinem Hemd und Anzug die Spannung lösen und fragte ihn: »Und, Herr Bundeskanzler, alles gut abgelaufen?« Ich überschätzte in diesem Moment offensichtlich seine Lockerheit und bekam zur Antwort: »Sehr witzig.« Das zischte er mehr, als er es sprach. Fast hatte ich die Befürchtung, ihn aufgrund dieses Vorkommnisses in meinem Restaurant niemals wiederzusehen. Aber er hatte mehr Humor, als ich damals annahm. Ob jedoch Bargetränke mit viel Rohrzucker in Zukunft seine Zuneigung erhalten, wage ich zu bezweifeln. Jedoch: Sein geliebter Rotwein macht auch Flecke.

Der zerrissene Tausender

Mein Restaurant am Gendarmenmarkt war gerade mal drei Monate alt und wir hatten alle Hände voll zu tun. Stars und Sternchen, bekannte und weniger bekannte Leute gaben sich die Klinke in die Hand. Auch reiche und sogar sehr reiche Menschen waren darunter. Manchen sieht man das nicht an. Andere lassen den Zustand ihres Kontos zumindest erahnen. Und einige wenige sorgen mit höchstmöglichem Aufwand dafür, nicht den geringsten Zweifel an ihrer überdurchschnittlichen Zahlungsfähigkeit zuzulassen. Nicht immer würde ich solche Mitbürger als wahre Sympathieträger bezeichnen. Aber jeder Gast ist willkommen. Dieser Satz kommt aus der Tiefe meines Herzens. Jedenfalls bis zu dem besagten Abend im November 1999. Die Tür ging auf und der helle Schein von Wohlstand breitete sein gleißendes Licht in der matten Dunkelheit meines bescheidenen Restaurants aus. Ein Pärchen, filmreif gekleidet, mit einer Art monegassischer Bescheidenheit ausstaffiert, dass jedem Restaurantbesitzer schier das Herz aufgeht. Schon der erste Satz des Herrn ließ die Leichtigkeit dessen, was auf uns zukommen würde, erahnen: »Man spricht von Ihnen. Nun wollen wir mal schauen, ob Sie wirklich so gut sind! Denn, glauben Sie mir, wenn einer das beurteilen kann, dann bin ich das!« Wären da nicht die handgenähten Schuhe, die goldene Lange & Söhne und der perfekt sitzende Maßanzug gewesen, hätte ich den Herrn in die

Rubrik Spaßvogel eingeordnet. So aber handelte es sich um eine klare Kriegserklärung. Also sattelte ich mein Pferd, ließ mein Visier herunter und griff zur Lanze. Beide nahmen Platz sowie die Speise- und Weinkarten entgegen. Schon bei der Frage nach dem Aperitif feierten sie süffisant lächelnd ihren ersten Triumph, denn den Champagner Dom Perignon gibt es bei mir nur flaschenweise. Diese Herrschaften hätten gern zwei Gläser davon getrunken. Ich öffne diesen aber nicht für zwei Gläser, da ich den Rest nicht frisch halten und damit auch nicht mehr verkaufen kann. Eine ganze Flasche wollten sie aber nicht bestellen, also entschieden sie sich für zwei Gläser Laurent Perrier, übrigens ein wunderbarer Champagner. Für diese Gäste allerdings nicht standesgemäß. Sie nippten widerwillig am Glas. Ein fünfgängiges Menü wurde zusammengestellt und als Hauptgang Steinbutt gewählt. Nun der gestrenge Blick in die Weinkarte, welche bis dato anderen Gästen kaum Wünsche offen ließ. Immerhin haben wir 250 Weine, davon 150 im offenen Ausschank, was in Berlin, vielleicht sogar in ganz Deutschland seinesgleichen sucht.

Prompt folgte der erste größere Auftritt. Er schnipste mit Daumen und Zeigefinger nach mir. So etwas ist mir noch nie widerfahren, weshalb ich es zum Anlass nahm, seine Geste zu ignorieren. Da er aber in der Folge immer größer zu gestikulieren begann und buchstäblich die offene Konfrontation suchte, näherte ich mich seinem Tisch bis auf etwa einen Meter. »Ja, bitte?« Jetzt er: »Sagen Sie mal, soll das Ihre herausragende Weinkarte sein, von der alle reden? Sie haben ja nur drei Weine über tausend Mark!« Von diesem absurden Vorwurf war ich derart überrascht, dass ich wahrscheinlich einen Moment lang einen verwundbaren Eindruck hinterließ. Ich fing mich jedoch sofort und erwiderte: »Aber wir haben 150 offene Weine und Sie können zu jedem Gang einen anderen guten davon trinken.« Jetzt er: »Das wollen wir nicht! Wir trinken nur Flaschenwein und immer über tausend Mark.« Nun wieder ich: »Dann haben Sie ja jetzt drei zur Auswahl!« Er: »Die drei wollen wir nicht!« Meine Gegenfrage: »Was wollen wir jetzt tun?« Er räusperte sich, wobei er in diesem Moment ein bisschen an Rumpelstilzchen in dem gleichnamigen Märchen erinnerte. »Na, dann schauen wir noch mal in die Weinkarte«, wiegelte er ab und ich konnte endlich den Tisch verlassen. Am liebsten hätte ich den ganzen Laden verlassen und mir auf der anderen Straßenseite erstmal einen hinter die Binde gekippt, aber so ist dieser Job nun mal, der Job eines Gastronomen. Besonders dann, wenn man in der obersten Liga mitspielen will. Der Eckkneipenwirt hat es da schon leichter. Er sagt zu solchen Gästen einen Satz wie: »Sajen Se mal, haben Se heute Ihre Tabletten noch nicht jenommen?« Das wäre, in diesem speziellen Fall, sicherlich auch die bessere Therapie gewesen. Aber was soll's.

Als ich zu einem späteren Zeitpunkt wieder am Tisch vorbeikam, hatte sich das Paar mit der Bedienung, übrigens meiner Lieblingskellnerin Anna, auf einen Angelo Gaja geeinigt. Einer der ganz großen Winzer der Weinwelt und in Italien ein Weingott. Die Flasche kostete damals rund 600 Mark und verfehlte seine Preisvorgabe um schlappe 400 Mark. Dennoch war ein wenig Ruhe am Tisch eingekehrt. Mein Ärger begann sich langsam zu verflüchtigen, und das schien er zu ahnen. In genau diesem Moment wurde ich erneut an den Tisch zitiert. Der Steinbutt war soeben serviert worden und sorgte für erneutes Aufsehen: »Hören Sie mal«, schallte es durch meine Hütte, »der Steinbutt ist nicht richtig durchgebraten!« Jeder Fischkenner weiß, dass dieser Fisch leicht glasig gegart am allerbesten schmeckt. Bei diesem weit gereisten und mit höchster Kompetenz ausgestatteten Gast war diese Weisheit allerdings noch nicht angekommen. Ohne zu zögern, räumte ich beide Teller ab, brachte sie in die Küche, stellte sie auf den Pass und sagte zum vollkommen verdatterten Küchenchef: »Sofort tot braten, den Fisch!« Auf seine ungläubige Reaktion wiederholte ich: »Tot braten!« Er tat dies und ich konnte wenige Augenblicke später das grausame Ergebnis erneut an den Tisch bringen. Beide probierten sofort und wie aus der Pistole geschossen kam der Satz: »Na also, geht doch! Sie können ja sogar, wenn Sie wollen!« Mein seelischer Zustand verschlechterte sich im Sekundentakt. Außerdem möchte ich nicht unerwähnt lassen, dass nach der ausgetrunkenen Flasche Gaja nun zwei Gläser vom gleichen Wein geordert wurden – von wegen nur Flaschenweine. Die Entscheidung, zum Steinbutt Rotwein zu trinken, werde ich hier nicht näher beleuchten. Zur Entlastung dieser ausgesprochenen Feinschmecker könnte man immerhin vortragen: Alles ist möglich, es muss einem schmecken.

Unter dem Strich war der Auftritt dieses Pärchens ein Kabinettstück höchster Gastkultur. Aber nun kam der Schlussakkord. Er wollte bezahlen und es kam, wie es kommen musste. Er warf mit seiner Rechnungsorder eine

Platin American Express Card wie eine Frisbee-Scheibe auf den Tisch. Anna, meine süße Kellnerin, erstarrte. Sie hatte bis dahin schon einiges aushalten müssen, die Arme, aber jetzt sah sie sich in einem Erdbeben untergehen, denn zu diesem Zeitpunkt nahmen wir noch keine American Express Card an. Jede andere, aber diese nicht, denn sie kostete damals über vier Prozent Disagio und das war mir einfach zu teuer. Mittlerweile akzeptieren wir sie, obwohl sie immer noch teurer ist als andere.

Anna sagte mit dem Mut der Verzweiflung: »Die nehmen wir leider nicht.« Die darauf folgende Detonation ließ mein Restaurant erzittern. Er bäumte sich auf, wechselte seine leicht bläulich-blasse Gesichtsschablone in eine grell neonfarbene Fratze und erhob seine Stimme. Diese überschlug sich und überforderte nicht nur uns mit seinem hysterischen Geschrei, sondern auch seinen Kehlkopf. »Ich kann auf der ganzen Welt mit dieser Karte bezahlen, nur hier nicht, in diesem Drecksladen! Ich gebe Ihnen noch acht Wochen, dann ist es vorbei! Der Chef muss ein Ossi sein und wahrscheinlich auch noch Kommunist!«

Stille trat ein und mir wurde in diesem Moment klar, dass es Zeit für meinen großen Auftritt ist. Für das große Finale. Ich holte tief Luft, etwa so wie ein Gewichtheber vor seinem Weltrekordversuch, und schloss zur Konzentration kurz die Augen. Ich trat an den Tisch, ähnlich dem »Paten« aus dem gleichnamigen Filmepos. Eigentlich fehlte nur noch eine ergreifende Filmmusik im Hintergrund. Nun stützte ich mich mit beiden Händen auf den Tisch und kam den beiden auf diese Weise bedrohlich nahe. Ich zischte leise, aber druckvoll durch meine Zähne: »Sie haben zu zweit eine Zeche von tausend Mark gemacht. Für das Geld können fünfzig Kinder in Afrika überleben. Sie haben sich dermaßen unmöglich und ekelhaft benommen, dass ein erneuter Besuch in meinem Restaurant für Sie nicht mehr in Frage kommt. Dennoch, Sie waren meine Gäste, aber Sie gehen jetzt. Gehen Sie ganz schnell raus!« Volltreffer! Vor mir saßen auf einmal zwei am Boden zerstörte, nach Luft ringende Gestalten mit nervösen Zuckungen in ihren Gesichtern. Sie fand als erste ihre Fassung zurück und wühlte in ihrer Louis-Vuitton-Tasche. Schließlich kramte sie einen Tausendmarkschein hervor, den sie bewusst zerknüllte, so, als hätte sie ihn getötet, und auf den Tisch warf. Beleidigt geiferte sie: »Wir lassen uns von Ihnen nichts schenken!«.

Wie ferngesteuert ergriff ich das Knöllchen, welches immer noch ein Tausendmarkschein war, und riss diesen genüsslich in zwei Hälften. Dann ließ ich beide Teile wie Blätter im Wind auf den Tisch herabflattern. Diese Dramatik unterstützte ich mit dem Satz: »Ich nehme kein schmieriges Geld, und jetzt raus hier!« Nach Luft schnappend, sprangen beide auf. Dieser Vorgang wurde vom tosenden Applaus der restlichen Gäste begleitet. Ganz großes Kino! Mein Herz raste und er raste zur Garderobe, um die Pferdedecke seiner Frau mitzunehmen. Allerdings konnte er es sich nicht verkneifen, an den Schluss seines Besuches folgenden idiotischen Satz zu setzen: »Ich kaufe den Laden und schmeiße Sie raus!« Ich erspare mir jeden Kommentar.

Nun war er wirklich nötig, der Schnaps. Ich ging in

den Weinkeller und genehmigte mir einen extragroßen Cognac. Einige Minuten später kam Anna mit den beiden Hälften des Tausenders. »Chef, was machen wir denn damit?« Was für eine Frage! Natürlich zusammenkleben und zur Bank bringen! Was sonst?

Einladung zum 80. Geburtstag

Das Wort »Idol« nehme ich äußerst selten in den Mund. Ich kann auch nicht behaupten, dass es unglaublich viele Menschen gibt, die ich als »mein Idol« bezeichnen würde. Ich glaube selten an Gott, da ich oft an mich selbst glauben muss. Das hält mich natürlich nicht davon ab, Vorbilder zu haben und von Menschen zu schwärmen, die im Leben etwas Besonderes geleistet haben. Zu diesen Menschen zählte die Schauspiellegende Sir Peter Ustinov. Als er starb, war ich eine lange Zeit sehr traurig. Aber von Anfang an.

Sir Peter wurde achtzig Jahre alt, was das ZDF zum Anlass nahm, eine große Fernseh-Gala für ihn zu veranstalten. Der Moderator war Frank Elstner und das Ganze fand im Theater des Westens in Berlin statt. Ich kannte jemanden beim ZDF – übrigens kenne ich fast immer irgendwo einen, ein nicht unattraktiver Zusatzeffekt, wenn man ein bekanntes und beliebtes Restaurant besitzt. Mein »Mann beim Sender« besorgte mir die ersehnte Einladung zur Geburtstagsgala und ich freute mich wie ein Schneekönig. Ich durfte dabei sein, wenn mein absoluter Lieblingsschauspieler zum achten Mal nullte. Aber wieder einmal kam alles ganz anders.

Mein Restaurant war an diesem Tag, es war ein Freitag, unerwartet voll geworden und eine zusätzliche Veranstaltung im Bankettsaal kam erst nachmittags rein. Es fehlte Bedienungspersonal und ich musste kurzfristig die Lücke füllen, nicht gerade zur Begeisterung meiner Service-Crew, denn immer wenn ich ins direkte Geschehen eingriff, brachte ich ihrer Meinung nach Unruhe ins Räderwerk. Tatsächlich mochten sie es nur nicht, wenn ich durch den eigenen Körpereinsatz ihre kleinen Fehler aufdeckte und sofort korrigierte, natürlich dezent und ohne Aufsehen, jedenfalls meistens. Dazu kam noch, dass ich ein ausgesprochen guter Verkäufer bin und so manchen Kellner im Verkauf am Tisch in Grund und Boden rammte. An diesem Tag sorgte mein notwendiger Service-Einsatz dafür, dass der Besuch im Theater des Westens ausfiel. Ich war sehr enttäuscht. Gegen 22 Uhr entspannte sich jedoch die Lage im »Guy« und meine Restaurantleiterin schickte mich zwar spät, aber noch nicht zu spät los. Halb elf war ich im Theater und vernahm noch auf der Treppe den tosenden Schlussapplaus. Die Leute strömten mir entgegen und die After-Show-Party, wie man das heute nennt, begann. Mir liefen jede Menge Berühmtheiten und so genannte A-Prominenz über den Weg, aber von der lebenden Legende Sir Peter weit und breit keine Spur. Schade, dachte ich, und begann mich langsam mit der Situation abzufinden. Just in diesem Moment kam mein Bekannter vom Fernsehen auf mich zu und fragte, wo ich denn abgeblieben sei. Ich erzählte ihm mein Dilemma und konnte meine Enttäuschung darüber nicht verbergen. »Wissen Sie, Herr Guy«, hob er an, »oben im Restaurant gibt es eine kleine Privatfeier von Ustinov, im engsten Kreis sozusagen. Hätten Sie vielleicht Lust, mich dorthin zu begleiten?« Ich war so überwältigt von der in Aussicht gestellten Einladung, dass ich keinen geraden Satz zustande brachte. Offensichtlich erkannte mein Gegenüber aber meine Begeisterung und los ging's in die heiligen Hallen. Kaum oben eingetroffen, stand ich vor ihm. Sir Peter Ustinov leibhaftig – so, wie man ihn kannte. Er saß mit Frau und Stock auf einem Sofa und war gerade damit beschäftigt, ein Canapé mit einer Kuchengabel deliziös zu zerlegen. Vor ihm stand ein Pulk von Pressefotografen, die alle durcheinander brüllten: »Hier, Sir Peter. Jetzt zu mir, Sir Peter. Sir Peter, lächeln! Hier, Sir Peter. Da, Sir Peter.«, worauf Ustinov seine Augen in den äußersten Winkel seiner Lider stellte, den Kopf in den Nacken legte und einen Ton ähnlich einem heulenden Wolf von sich gab. Herrlich. Ich wurde hinter die Couch geschoben und war auf einmal mit im Bild und somit auf dem Foto. Die Fotoreporter mussten nun die Veranstaltung verlassen und ich wagte es, den Jubilar um ein Autogramm zu bitten – etwas, das ich übrigens nur ganz selten in meinem Leben getan habe. Heute konnte ich nicht anders, ich wollte seine Unterschrift. Ich suchte verzweifelt nach einem geeigneten Stück Papier, fand jedoch nach Durchforstung all meiner Taschen nur einen Hausprospekt von meinem Restaurant. Ich wagte mich kleinlaut vor und sagte: »Sir Peter, ich bin ein unbedeutender Schauspielkollege von Ihnen, habe aber ein sehr schönes Restaurant am Gendarmenmarkt. Sollten Sie einmal Lust verspüren, bei mir zu speisen, sind Sie selbstverständlich mein Gast!« Ich bekam das ersehnte Autogramm und auf meine Einladung keine Antwort. Er sagte keinen Ton, musterte mich aber gründlich von oben bis ganz nach unten. Das war's. Ich trat zurück und mischte mich unter die Leute. Noch an meinen Star denkend, stellte ich fest: Neben mir stand Roger Moore, vor mir Ursula Andress, an der Seite Katja Riemann und so weiter und so weiter. Diese Augenblicke nahm ich auf und mit nach Hause, denn ich verschwand sehr bald, da ich am nächsten Morgen um sieben Uhr nach Paris flog, um dann in die Champagne weiter zu reisen. Zwei feuchtfröhliche Tage lagen vor und am Montag hinter mir.

Ich kam vormittags ins Restaurant und mein körperlicher Zustand muss derart bedenklich gewirkt haben, dass alle meine Angestellten mir ein hohes Maß an Mitleid entgegenbrachten und meine Restaurantleiterin Stefanie sofort in ihre Handtasche griff, um mir aus ihrer Notfallbox Migräne-Tabletten zur Verfügung zu stellen. Ich wehrte ab, denn Medizin nehme ich nur bei akuter Gefahr des Ablebens. Ich hielt mich angesichts meines Zustandes wacker und machte ohne Übermut das Nötigste im Büro. Gegen halb zwei wollte ich es gut sein lassen und verabschiedete mich von der Belegschaft. Die konnte und wollte das Elend auch nicht mehr mit ansehen. Ich schlurfte in Richtung Straße über den Hof, als ich bei einem langgezogenen »Cheeeef« von Stefanie zusammenzuckte. Ihre Stimme klang ungewohnt schrill und löste die sofortige Besorgnis in mir aus, es sei etwas Schreckliches geschehen. Sie kam mir hinterhergerannt und teilte mir aufgeregt mit: »Das Adlon hat eben angerufen. Sir Peter Ustinov ist mit der Hotellimousine zu uns unterwegs!« Ich hatte einen kurzen Aussetzer und schnallte erst zehn Sekunden später, was ich gerade vernommen hatte. Mein Kater verabschiedete sich augenblicklich und mein Wahrnehmungsbewusstsein setzte auf der Stelle wieder ein. Ich bat Stefanie, in der Küche Bescheid zu sagen, dass es heute eventuell nichts mit der gewohnten Nachmittagspause wird, und wandte mich der Straße zu. Momente später fuhr die schwarze S-Klasse mit dem goldenen Logo des Hotels auf der Tür vor. Genau auf meiner Höhe hielt der Wagen. Ich öffnete wie der perfekte Wagenmeister eines Luxushotels die hintere Tür des Automobils. Erst kam der außergewöhnliche Gehstock zum Vorschein. Er hatte keine Krücke wie die meisten Stöcke, sondern sein Griff war eine Art Ring. Das Ding sah aus wie ein altertümlicher Weichenhebel der Reichsbahn. Es folgten die flaumweichen frisch gewaschenen Haare, schlohweiß wehten sie im Wind. Darunter erschien Sir Peter Ustinov höchstpersönlich. Wieder musterte er mich wortlos mit seinen klugen Augen, die etwas Kindliches hatten. Ich ergriff als Erster die Initiative und sagte: »Es ist mir eine große Ehre, Sir Peter. Herzlich willkommen im Restaurant ›Guy‹.«

Meine Begrüßung muss so geklungen haben, als hätte ich nie mit seinem Besuch gerechnet. Er erhob erstmals die Stimme und sagte mit seinem herrlich englischen Akzent: »Sie haben mich doch eingeladen!« Für Sekunden sahen wir uns direkt in die Augen und wie auf Kommando mussten wir beide lachen. Das Eis war geschmolzen. Wir gingen los in Richtung Restaurant, er hakte mich wortlos ein. Auch diese körperliche Nähe erschien mir, als wären wir schon hunderte Male miteinander über die Straße gegangen. Im Restaurant war ein schöner Zweiertisch vorbereitet und ich half meinem Ehrengast auf den Stuhl. Er wirkte körperlich etwas gebrechlich, ein deutlicher Gegensatz zu seinem unerhört fitten Geist. Kaum hatte er Platz genommen, zeigte er auf den leeren Stuhl ihm gegenüber und sagte: »Dort nehmen Sie Platz!

Schließlich müssen Sie erzählen, was ein Schauspieler in dieses Restaurant hat verschlagen. Will ich wissen alles und hörst du erst auf, wenn alle Geschichte fertig.« Ich tat, wie mir geheißen, und es wurden wunderbar kurzweilige zweieinhalb Stunden. Wir erzählten und lachten und erzählten und lachten, Witze wurden ausgetauscht. Jede Speise und jeder Wein wurde von ihm für die Kellner in zehn Sprachen übersetzt. Faszinierend. Und immer wieder dieses Bellen oder Wolfsheulen. Er war ein großer Junge, ein richtiger Schelm vor dem Herrn – man musste ihn mögen. »So«, sagte er, »jetzt gibst du diese Buch, man kann eintragen die Namen. Du musst doch ein bisschen angeben mit deinem neuen Stammgast.« Ich hätte ihn gern umarmt. Aber dann hielt mich doch der große Respekt zurück, den ich vor ihm hatte. Er trug sich ins Gästebuch ein und zeichnete mit wenigen Strichen sein Gesicht unter das Autogramm. Ich fühlte wieder mal das Multitalent dieses großen Zeitgenossen. »Rufst du jetzt die Auto? Ich muss heute Abend noch zu die Präsident von die Bundesrepublik. Er will mit mir trinken eine Kaffeetasse.« Dabei fiel mir noch einmal die Interimsspange zum Bundesverdienstkreuz an seinem Revers auf. Er hatte diese Ehrung wirklich verdient. Mein Bundesverdienstkreuz war an diesem Tag sein Besuch und die neu errungene Freundschaft.

Von Hochstaplern und Zechprellern

Sonntag war's. Ich kam kurz nach 13 Uhr ins Restaurant und eine Auszubildende raste mir aufgeregt entgegen: »Herr Guy, da war vorhin ein Gast aus Amerika, der wollte Sie ganz dringend sprechen! Es ist ungeheuer wichtig.« »Na, wenn es so wichtig ist«, antwortete ich, »wird er schon wiederkommen.« Kaum ausgesprochen, stand Mr. Ganz Wichtig in der Tür. Sie müssen sich den Herrn folgendermaßen vorstellen: Etwa dreißig Jahre alt, groß gewachsen und schlank. Braungebrannt mit Dreitagebart. Die meisten Menschen, die das Wort Wichtig als zweiten Nachnamen tragen, erscheinen in der Regel im Anzug. Er auch.

Doch in seinem Fall handelte es sich um einen Jogginganzug. Den unteren Abschluss bildeten hochmodische Nike-Turnschuhe, den oberen ein Rollkäppi aus schwarzem Wildleder. Sein Rücken wurde von einem Rucksack, ebenfalls Marke Nike, verziert. So stand er da und musste mich dringend sprechen. Sein Auftritt ließ keinerlei Mutmaßungen darüber zu, worum es sich handeln könnte. Wir nahmen trotzdem Platz und die Kommunikation ihren Lauf, genauer sie hätte ihren Lauf nehmen können, aber er sprach nur Englisch mit diesem streng amerikanischen Akzent. Meine Englischkenntnisse halten sich allerdings in Grenzen.

Also musste mein stellvertretender Restaurantleiter die Aufgabe des Dolmetschers übernehmen. Das Gespräch begann mit der gemeinsamen Vorstellung. Ich drückte ihm freundlich, aber zugegebenermaßen etwas reserviert die Hand und sagte: »Guy. Ich bin der Eigentümer.« Er sagte auch seinen Namen, den ich allerdings nicht sofort realisierte. Schnell kam er auf den Punkt. Er wäre von der Location hellauf begeistert. Er fühle sich hier wie bei ihm zu Hause in Soho, in New York. Er erwäge, in meinem Restaurant seinen Geburtstag zu feiern, am 26. Juni. Es würde eine Feier mit etwa 250 Gästen, darunter enge Freunde wie Tina Turner, George Clooney und andere bekannte Größen. Im Hof müsse eine riesige weiße Pagode stehen und der Brunnen eine Glasabdeckung erhalten, auf welcher dann ein weißer Flügel stehen solle. Viele tausend weiße Rosen würden das gesamte Haus säumen. Natürlich müssten Speisen und Getränke vom Allerfeinsten her und es dürfe keinen einzigen Gast geben, der irgendeinen unerfüllten Wunsch habe. Sofort kamen Jahrgänge und große Namen von schweren Bordeaux' ins Spiel. Es hätte nicht viel gefehlt und er hätte verlangt, dass der Wein in Kisten aus Stradivari-Holz geliefert wird. Mir begannen derart die Ohren zu klingen, dass ich auf dem Stuhl unruhig von einer Pobacke auf die andere wechselte. Ich hörte nach 15 Minuten nur noch mit einem halben Ohr zu, da ich meinem Gehirn die Aufgabe stellte, möglichst schnell zu entscheiden, ob ich es mit einem durchgeknallten Gauner zu tun habe oder tatsächlich das Hollywood-Märchen wahr werden und ein unerwarteter Geldsegen über mich herabregnen würde. Die von ihm genannte Summe von 300 000 Euro schlug wie eine Granate neben meinem Trommelfell ein. Als er sagte, es könnten von ihm aus ruhig auch 500000 werden, leuchtete die Warnblinkanlage in meinem Kopf auf und ich entschied für mich: Dieser Mann ist aus einer geschlossenen Anstalt entlaufen. Da bin ich mir ganz sicher.

Dann kam er zum Schluss: »So, Sie wissen jetzt, worum es geht. Bitte machen Sie mir eine Kalkulation fertig. Morgen gegen 14 Uhr komme ich mit meinem Berliner Anwalt und zahle 50 Prozent der Summe in bar an. Ach übrigens, der Rotwein: Nur Magnumflaschen und nicht jünger als Jahrgang 1968. Dom Perignon als Aperitif, aber bitte nur 1990er Jahrgang. Sollten Sie jedoch genügend 1959er bekommen, dann natürlich den. Bis morgen!« Sprach es und ging.

Stellen Sie sich vor, Sie sitzen im Flugzeug, ein rotes Kaninchen kommt auf Sie zu und fragt in bestem Hochdeutsch, was Sie trinken möchten. Wie würden Sie dann aussehen? Genau so sah ich aus. Genau so. Natürlich blieben Zweifel. Natürlich konnte ich nicht glauben, was ich soeben gehört hatte. Natürlich konnte man diesen Jogginganzugclown nicht ernst nehmen. Andererseits: Was, wenn das alles echt war? Sollte ich wirklich so tun, als wäre das eben nicht passiert? Dieser Konflikt verursachte mir leichte körperliche Schmerzen. Ich ging zum Telefon und rief meine Restaurantleiterin an, die lange in den USA gearbeitet hatte. Ich erzählte ihr die Story und fragte, was sie davon hielte. Ihr Mann, Food & Beverage-Manager in einem Luxushotel, hörte mit und fragte nach: Wann soll das sein? »Am 26. Juni«, gab ich zur Antwort. Darauf er: »Du wirst es nicht glauben, aber an diesem Tag sind Tina Turner und George Clooney tatsächlich in unserem Hotel!« Ich weiß nicht mehr genau, wie lange meine Sprachlosigkeit dauerte, aber sicher ist, ich habe diesem besagten roten Kaninchen für einen Moment lang ein zweites Mal sehr geähnelt. Die Frage meiner Restaurantleiterin, wie der Mann denn geheißen habe, konnte ich nicht beantworten, außerdem sah ich mich schon am Schreibtisch die Kalkulation erarbeiten. Anschließend rief ich meinen Weinhändler zu Hause an. Auf die Frage, ob er mir einhundert Magnumflaschen Chateau Petrus 1968 besorgen könnte, folgte dieselbe Stille wie beim vorherigen Telefonat, diesmal an der anderen Seite des Hörers. Als ich mich noch nach ähnlichen Mengen von teuerstem Weißwein und Dom Perignon der feinsten Jahrgänge erkundigte, fragte er mich, ob ich getrunken hätte und ob ich denn nicht wisse, dass er sonntags für derlei Späße keine Zeit hätte. Ich brauchte eine Weile, um ihm die Sachlage zu erklären. Auch er warnte mich dann vor der Möglichkeit, einem Betrüger aufzusitzen, konnte aber angesichts der gigantischen Höhe des zu erwartenden Auftrages nicht umhin, aktiv zu werden. In den späteren Abendstunden erhielt ich umfangreiche Angebotsfaxe mit einer Auflistung von Weinen, welche die meisten Menschen dieser Erde nicht einmal leibhaftig gesehen haben, geschweige denn getrunken. Summen standen da auf dem Papier, dass einem schwarz vor Augen wurde. Ich fasste alles ein bisschen zusammen, um mir einen ungefähren Überblick über die anfallenden Kosten zu verschaffen. Bei über 350 000 Euro hörte ich auf zu rechnen und beschloss abzubrechen. Sollte morgen tatsächlich dieser Mensch in mein Etablissement kommen, tatsächlich ein Anwalt dabei sein und tatsächlich ein Koffer mit vielen Geldscheinen auf der Bildfläche erscheinen, dann ... ja dann ... was dann? Na, erstmal prüfen, ob das Geld auch echt ist. Was für ein Quatsch! Davon hätte er doch nichts! Die Feier ist doch erst in zweieinhalb Monaten!

Wie ich es auch drehte und wendete, das Ganze machte keinen Sinn. Also einfach rankommen lassen, noch eine Nacht schlafen und dann würde ich klüger sein. Je mehr Abstand ich in den folgenden Stunden gewann, umso mehr wich die Wahrscheinlichkeit dieser Aktion aus meinem Vorstellungsvermögen. So albern es klingen mag, aber ich nahm in dieser Nacht eine Schlaftablette, da ich nicht zur Ruhe finden konnte. Ich schlafe immer schlecht, wenn etwas Besonderes mein Leben zu verändern droht. Morgens stand ich etwas später auf und ging unter die Dusche. Es ist eine blöde Angewohnheit von mir, das Handy auch ins Badezimmer mitzunehmen. Gerade spülte ich die Nacht von meiner Haut, als der leichte Samba-Klingelton meines Telefons meine Aufmerksamkeit erregte. Ich sprang aus der Regenzelle und ging nackt und nass ans Funkgerät. »Ja, Guy?« Am anderen Ende die fast hauchende Stimme meiner Restaurantleiterin: »Chef, würdest du bitte in den Laden kommen? Soeben ist Mr. Vanderbilt junior in einem Bentley mit Fahrer vorgefahren und möchte bei uns nun Probe essen.« Auf der Stelle trockneten die Wasserperlen auf meiner Haut und wurden von einem Film leichter Schweißperlen auf meiner Stirn ersetzt. »Ich bin schon unterwegs«, log ich und legte auf. Zum Anziehen benötigte ich nicht mehr als siebzig Sekunden und nach sieben Minuten war ich im »Guy«.

Der Mann von gestern saß im Eingangsbereich meines

Restaurants. Heute ohne Jogginganzug, dafür in kurzen Hosen. Wieder Nike-T-Shirt, Nike-Schuhe, das gleiche Rollkäppi, aber diesmal in Braun und, Sie ahnen es, wieder der Rucksack. Ob er da das Geld drin hat, schoss es mir durch den Kopf. Wir begrüßten uns. Heute war ich verbindlicher als gestern und sein Auftritt irritierte mich nicht annähernd so sehr wie am Tag zuvor.

Schnell kam er auf den Punkt. Er würde jetzt gern sechs Gänge essen, seine Vorstellungen waren klar und seine Anweisungen deutlich. Welcher Hummer, welcher Fisch, welches Fleisch. Und natürlich die Weine, die begleitenden Weine. Er kannte sich wirklich aus. Weinregionen, alle großen Namen und ganz präzise die besten Jahrgänge. Ein absoluter Profi. Selten hat man Gäste in der Produktpalette der Gastronomie so sattelfest erlebt. Schließlich war er noch jung. So etwas geschieht sonst eher bei gestandenen, älteren Gästen. Nun der unerwartete Einwurf von Stefanie, meiner Restaurantleiterin: »Wollen wir Mr. Vanderbilt erstmal auf eine Flasche Dom Perignon 1990 einladen?« Mein Blick zu ihr war zugegebenermaßen nicht sehr liebevoll. Eine Antwort erübrigte sich jedoch, denn er hakte in Lichtgeschwindigkeit ein und sagte: »Wundervoller Vorschlag! Genau das Richtige für den Anfang!« Ich, der sonst so selbstsichere Gastronom, eigentlich wortgewandt und charmant, fiel von einer Sprachlosigkeit in die nächste. Die Flasche wurde geordert und ich beorderte unter einem Vorwand Stefanie in die Küche. Dort zischte ich sie an: »Was soll das? Was, wenn das ein Spinner ist?« »Chef, ich war in den USA. Ich kenne diese Typen. Genau so einer ist das. Ein Multimillionär. Von Beruf Sohn.

Hast Du denn noch nie von dem Vanderbilt, dem Milliardär, gehört?« Doch, hatte ich. Aber hatte der wirklich einen Sohn? Und weiter, war der da draußen dieser Sohn? »Das wird der Umsatz deines Lebens!«, sagte sie. Dieser Satz lochte ein wie ein Hole-in-one beim Golf. »Okay«, sagte ich. »Dann wollen wir mal nach draußen gehen und mit Mr. Vanderbilt anstoßen.«

Was nun folgte, war Kino der ganz besonderen Art. Er die Leinwand, wir die beiden Zuschauer. Wie zwei Ölgötzen sahen wir dabei zu, wie unser Milliardärssohn die feinsten Dinge genüsslich in die Körperöffnung unterhalb seiner Nase schob. Immer mehr und noch teurere Weine wurden geöffnet und probiert. Wobei probiert nicht ganz zutreffend ist. Er leerte fast grundsätzlich die halbe Flasche und ich begann mich zu fragen, wann er volltrunken vom Stuhl stürzen würde. Nach dieser Menge Alkohol wäre ich in die Notaufnahme der Charité eingeliefert worden. Als endlich der letzte Gang abgeräumt wurde, wollte er natürlich noch einen Digestif. Louis XIII. natürlich, was sonst. Ein Cognac, der im Einkauf 1 000 Euro pro Flasche kostet. Auch den sollte er in Dreiteufelsnamen noch bekommen. Nachdem ich im Laufe der Orgie ganz vorsichtig die Summe von 400 000 Euro ins Gespräch eingeflochten hatte und er nicht einmal zuckte, fragte ich mich langsam, wann denn nun der besagte Anwalt erscheinen würde. Aber Fehlanzeige. Er bestellte einen zweiten vom unbezahlbaren Cognac und erwähnte beiläufig, dass der Anwalt erst gegen 16 Uhr käme, er jetzt aber etwas in der Nähe erledigen müsse. Ruckzuck schenkte ich ihm noch einen Cognac nach und verschwand in der Küche. Dort übergab ich mein Handy einem Azubi mit folgendem Auftrag: »Jeden Moment verlässt dieser Amerikaner, um den sich seit Stunden alles dreht, das Haus. Sie folgen ihm unbemerkt und halten telefonisch Kontakt zu mir.« Die ganze Aktion bekam langsam den Charakter eines Kriminalfilms, in dem ich die Rolle des Verlierers zu spielen schien. Weshalb ich den Mann gehen ließ, kann ich nicht genau sagen. Aber ich ließ ihn wenigstens beschatten. Schon nach wenigen Minuten kam der erste Anruf meines Detektivs. »Jetzt ist dieser Ami hier unten in so einer Galerie. Dort hat der Chef ihn mit einer Umarmung begrüßt und eine Flasche Champagner geöffnet.« Das war mir ein Rätsel: »Der war doch schon besoffen! Der muss doch jeden Moment zusammenbrechen!« Beim zweiten Anruf teilte er mir mit, dass jetzt ein hübsches blondes Mädchen dazu gestoßen sei. Der dritte Anruf war von totaler Hilflosigkeit geprägt: »Chef, jetzt ist er mit der Blonden raus und in ein Taxi gestiegen. Ich hab kein Geld, ich kann nicht mit, er ist weg!« Da war er, der kleine persönliche Mephisto mit der fistelnden, zynischen Stimme: »Na? Bist du jetzt zufrieden? Das hast du gut gemacht, du Idiot!« Ich war am Boden zerstört. Atmen. In einer solchen Situation muss man atmen. Nachdem ich genügend Sauerstoff in mich hineingepumpt hatte, zündete ich Stufe 2 der Guy'schen Rakete. Ich bekam einen überdimensionalen Wutausbruch vom Allerfeinsten. Den gewaltigsten Einschlag bekam Stefanie, meine sympathische Restaurantleiterin, ab. Dann traf es alle, die just in diesem Moment die dumme Idee hatten, mir über den Weg zu laufen und im Nachgang den Rest der kleinen Restaurantwelt. Ein Glück, dass es 15 Uhr und unser Haus geschlossen war. Womöglich hätten sonst sogar

Gäste meine emotionale Detonation miterleben dürfen. Es vergingen einige Minuten, bis ich begann, innerlich die weiße Fahne zu hissen. Ich fühlte mich leer und im wahrsten Sinne des Wortes ausgelaugt. Dabei wäre der Begriff ausgeraubt viel passender.

Ich traf einen Entschluss, denn schließlich konnte ich nicht einfach zur Tagesordnung übergehen. Ich beschloss, den Galeristen aufzusuchen, der unseren Sunnyboy zuletzt gesehen hatte, und ein wenig Kommissar zu spielen. Also ging ich in die Galerie. Ich stellte mich kurz vor, legte die beste Nachbarschaftsmiene auf, die ich hatte, und fragte: »Sie hatten gerade hohen Besuch?« – »Ja, ein wichtiger Kunde von mir war gerade da.« – »Lassen Sie mich raten«, erwiderte ich. »Mr. Vanderbilt junior?« – »Genau«, bestätigte er fast euphorisch. Er beugte sich zu mir, neigte seinen Kopf beängstigend dicht zu meinem und flüsterte in einer Art, als hätte man ihm gerade den Nobelpreis verliehen: »Er hat Bilder für über 300 000 Euro gekauft.« Ich streckte ihm meinen Kopf noch etwas näher entgegen, so dass sich unsere Nasen fast berührten und fragte mit einem leicht zynischen Unterton: »Hat er auch bezahlt?« Diese Frage nahm mein Gegenüber zum Anlass, sich aufzurichten und fast beleidigt zu antworten: »Nein, er kommt heute um 18 Uhr mit seinem Anwalt und zahlt bar.« Fast hätte ich laut losgelacht, unterdrückte dies aber noch einen Moment und hakte sicherheitshalber nach. »Und die Bilder?« – »Na, die sind noch hier!« repetierte er mit absoluter Selbstverständlichkeit. Da war er, der kleine Unterschied zwischen ihm und mir. Ich erzählte kurz, was mir widerfahren war, und deutete nun an, eine Anzeige bei der Polizei zu machen, denn an den ominösen

Anwalt oder gar an die Möglichkeit, dass unser Milliardärssohn tatsächlich kommt und bezahlt, glaubte ich im Leben nicht mehr. Der Gesichtsausdruck des Galeristen veränderte sich ins Grünliche. Nun ähnelte er einem Kaninchen, aber diesmal einem grünen. »Um Gottes Willen«, begann er zu jammern, »ich hab doch, er wollte doch ... und ich dachte ...« – »Ja, was denn, was dachten Sie?«, fragte ich ungeduldig. »Na, er brauchte doch dringend ein bisschen Bargeld, weil er mit diesem Mädel noch was trinken wollte und da hab ich ihm 500 Euro aus der Kasse ...« Seine Stimme brach ab. Na, wunderbar! Zwei Vollidioten, die sich die Hand reichen können.

Sie denken bestimmt, Ihnen wäre das alles nie passiert. Glauben Sie mir: Wenn Sie diesen Hochstapler mit all seiner Ausstrahlung persönlich erlebt hätten, seinem umfangreichen Wissen und seiner amerikanischen Millionärsselbstverständlichkeit, die meisten von Ihnen wären auch in diese Grube gefallen. Außerdem unterschätzen Sie bitte nicht diesen gewissen Faktor, den Faktor »Was wäre, wenn es doch stimmt?«. Aber ich will von Ihnen keine Absolution, ich habe es mir redlich verdient, dass Sie auf meine Kosten lachen.

Apropos lachen: Genau das tat der Polizeibeamte, bei dem ich wenig später meine Anzeige aufgab. Können Sie sich vorstellen oder nachempfinden, wie ich mich gefühlt habe? Ich erzähle diesem wahrscheinlich gerade von der Polizeischule entlaufenen Uniformierten mein Leid und er hat nichts Besseres zu tun, als eine Dreiviertelstunde laut zu lachen und immer wieder zu sagen: »Na, Sie sind aber gut! Sie sind ja prima! Zu Ihnen komme ich jetzt auch immer essen und lasse mein Geld zu Hause!«

Hoffnungen, den Hochstapler zu stellen, machte er mir allerdings nicht. Bedribbt und erniedrigt schlurfte ich zurück ins Restaurant, wo jeder meiner Angestellten versuchte, einen Bogen um mich zu machen. Kurz nach meiner Rückkehr läutete das Telefon. Der Galerist vermeldete aufgeregt: »Dieses blonde Mädchen, mit dem der ... na, Sie wissen schon, weggegangen ist, die ist wieder da, aber allein. Sie will ein Bild abholen, welches er ihr angeblich geschenkt hätte.« Meine kriminalistische Abenteuerlust entflammte in derselben Sekunde und ich gab das Kommando: »Festhalten, ich komme!« Ich rannte rüber in die Galerie.

Da war sie. Kurze Erklärung und sofort die Frage: Wo ist er? »Er ist total besoffen und fing an mich zu belästigen, er hat mich überall betatscht.« Ich wiederholte mit Nachdruck: »Wo ist er?« »Er sitzt in einer Kneipe am Hackeschen Markt.« »Sie kommen mit!«, befahl ich, denn ich hatte jetzt den Schalter umgelegt, meine Selbstsicherheit und Beherrschung, aber vor allem meine Kampfeslust zurückerlangt. Ich flog förmlich ins Restaurant zurück und in die Küche. Ich beorderte meinen Küchenchef Michael, der täglich zwei bis drei Stunden in der Muckibude zubrachte und aussah wie Arnold Schwarzenegger in den Wechseljahren, nach draußen. Ab ins Auto und zum Hackeschen Markt. Der Gesuchte hatte jedoch inzwischen den letzten Standort verlassen. Er war nirgends zu sehen. Die beiden anderen wollten schon aufgeben, aber da kannten sie mich nicht. Ich durchpflügte sämtliche Kneipen und Biergärten des Großraums Hackescher Markt bis zur Oranienburger Straße. Es konnte und durfte nicht sein, dass dieser Mensch ungestraft davonkommt.

Ich glaube, wir suchten über eine Stunde und langsam machte sich sogar bei mir eine gewisse Hoffnungslosigkeit breit. Doch da, da saß er. Weihnachten und Ostern fielen auf einen Tag. Er saß tatsächlich einfach so da. Jetzt heißt es kühlen Kopf bewahren, dachte ich. Er hatte uns noch nicht bemerkt. Wie sollte er auch. Er war so voll wie der Circus Krone bei der Eröffnungsvorstellung. Wir sicherten den Ort wie bei einer Observation. Ich nahm mein Handy und rief die Polizei. »Wir kommen«, war die Antwort. »Was machen wir, wenn er jetzt aufsteht und weggehen will«, fragte ich. »Dann dürfen Sie ihn festhalten«, schallte es aus dem Hörer. Ich klappte das Telefon zu und er stand auf. Ich zu Michael im Ton eines Feldherrn: »Festhalten, den Kerl!« Gesagt, getan. Mein Muskelmann griff ihm mit einer Hand in die Halsöffnung seines T-Shirts und drehte so zu, dass unser betrunkener Hochstapler nach Luft rang. Mit der zweiten Hand drückte Michael ihn mit solcher Wucht an die metallene Gartentür, dass der Knall, den sein Kopf verursachte, selbst mir körperliche Schmerzen bereitete. Eine Gegenwehr des Delinquenten gab es nun nicht mehr. Die Polizei kam wenig später, alles ging ganz schnell. Ruckzuck war er in den VW-Bus verfrachtet und wir standen auf der Straße – ohne zu wissen, wie es jetzt weitergeht.

Etwa zwei Wochen später erhielt ich eine Vorladung von der Kriminalpolizei, bei der alles noch einmal genauestens erörtert wurde. Ich bekam den liebevollen Hinweis, dass ich für die Geltendmachung von entgangenen Bezahlungen einen zivilen Prozess anstreben müsste, welcher jedoch nach Lage der Dinge nicht den geringsten Erfolg verspräche. Der Täter war einschlägig bekannt.

Er war Schwede und wurde zum wiederholten Male aus Deutschland ausgewiesen. Alter Schwede, dachte ich. Aber eine Frage hatte ich doch noch: Wie konnte dieser Typ im Bentley mit Fahrer vorfahren? Ganz einfach: Bei der Bentley-Niederlassung in Berlin zog er die gleiche Show ab und erzählte, er feiere im berühmten »Guy« seinen Geburtstag, er erwäge einen Wohnsitz in Berlin zu nehmen und einen Bentley zu kaufen, er würde jetzt gerne eine Probefahrt machen. Dort war man allerdings so schlau und gab ihm einen Fahrer mit. Meine Stefanie sah am besagten Tag Mr. Vanderbilt junior aus einem Bentley mit Fahrer aussteigen und hörte den feinen Herren sagen: »Ich brauche Sie heute nicht mehr.« So einfach geht das. Eines ist jedoch sicher. Bei mir geht das so einfach nie wieder.

Nach ein paar Wochen hatte Selbstironie meine Wut abgelöst und ich konnte bei Feiern ungehindert davon erzählen und selbst herzhaft lachen. Eigentlich endet diese Geschichte hier. Wäre da nicht noch ein Dessert am Schluss: Ungefähr ein Jahr danach war ich bei dem befreundeten Direktor eines Luxushotels zum Kaffee eingeladen und nach etwa einer Stunde musste er das Treffen beenden. »Ich habe heute noch eine wichtige Absprache mit einem Gast. Stell dir vor, bei mir feiert im nächsten Monat so ein durchgeknallter Milliardärssohn seinen Geburtstag. Du glaubst es nicht! Das wird die Party meines Lebens!« – »Wie ist sein Name«, fragte ich. – »Na, das ist der Sohn von diesem Vanderbilt!« »Ja«, sagte ich. »Das wird die Party deines Lebens. Da bin ich ganz sicher.«

Das besondere Geschenk

Eines Tages erschien Walter Mompers späterer Nachfolger Klaus Wowereit – Sie merken, ich hab es mit den Regierenden Bürgermeistern – in meinem frisch eröffneten Restaurant auf der Luisenstraße, dem »Wein-Guy« in der Nähe des Brandenburger Tores. Dieses Restaurant war das Ergebnis eines Höhenflugs, den ich zu dieser Zeit hatte. Ich glaubte damals: Doppelte Arbeit gleich doppelter Gewinn. Was für ein Irrtum! Der Ausflug dauerte zwei Jahre und ging glücklicherweise glimpflich für mich zu Ende. Danach war ich vom Überfliegersyndrom geheilt.

Die Tür ging also auf und Wowi stand im Raum. Er wurde freundlichst empfangen. Nach dem Essen bestellte er mich zu seinem Tisch. »Ich habe entschieden«, sagte er, »bei Ihnen meinen 49. Geburtstag zu feiern.« Welche Ehre! Ich kann nicht sagen, dass mir dieser Gedanke missfiel. Wir kamen gut ins Gespräch und miteinander aus. Bei seinem nächsten Besuch wurde alles genau besprochen.

Dann kam der 1. Oktober. Wir waren uns einig geworden: Die Presse bleibt draußen, die Feier ist privat. Und so war es dann auch. Tage zuvor beschäftigte mich aber der Gedanke: Schenkst du dem Regierenden etwas oder reicht es aus, mit ihm ein Glas Champagner zu trinken? Ich entschied: Ein Geschenk muss her. Ich ließ eine Messingplakette mit der Inschrift gravieren: »Sitz des

Regierenden Bürgermeisters Klaus Wowereit im ›WeinGuy‹«. Dieses Messingschild schraubte ich auf einen meiner Gastraumstühle hinten auf die Lehne, gut sichtbar für alle. Nach dem Aperitif, den die Gäste im Stehen eingenommen hatten, ergriff ich das Wort und übergab Wowi das Sitzmöbel. Das handelte mir donnernden Applaus seiner Gäste und zu späterer Stunde seine Duzfreundschaft ein. Im Laufe des Abends spielte ich dann noch den Klassiker »Dinner for one« für ihn, obwohl ihm zu den 90 noch 41 Jahre fehlten.

Wenn der Teufel Alkohol seine Finger im Spiel hat

Eigentlich wollte ich dieses unsägliche Kapitel meines Lebens verschweigen oder zumindest ausblenden. Aber man soll ja aus Fehlern lernen und vielleicht dient die nun folgende Geschichte auch als eine Art Mahnung. Deshalb habe ich entschieden, mich selbst auf die Schlachtbank zu führen.

Am 25. März eines jeden Jahres feiere ich meinen Geburtstag. Einige wenige Menschen feiern ihren Geburtstag sogar zweimal im Jahr, nämlich an dem Tag, an dem sie auf die Welt kamen, und an dem Tag, an dem sie ein furchtbares Unglück überlebt haben, beispielsweise einem Flugzeugabsturz mit Ach und Krach entgangen sind oder verschüttet waren. Auch ich habe im Jahr 2001 meinen Geburtstag zweimal begossen – nicht weil ich verschüttet war, sondern weil ich bei der zweiten Geburtstagsfeier meinen Verstand verloren hatte. Am Sonntag, dem 25. März 2001, feierte ich meinen 45. Geburtstag im Kreise meiner Lieben und war am Montag zwar müde und etwas angeschlagen, aber wie immer in meinem Restaurant erschienen. Eine so genannte Nachfeier war weder geplant noch in meinem Sinne. Gegen 22 Uhr verabschiedete ich mich von meinem Personal und wollte mich auf den Weg in meine Wohnung begeben, um im liegenden Zustand etwas Augenpflege zu betreiben. Gestiefelt und gespornt wollte ich gerade zur Tür hinaus, als just in diesem Moment ein mit mir befreundeter Gastronom im Eingang stand und mich dort abfing: »Du hattest gestern Geburtstag, wie ich hörte, aber gemerkt habe ich nichts davon.«

Sein eindringlicher Appell an meine Gastfreundschaft konnte von mir nicht ignoriert werden. Also geleitete ich ihn wie einen Staatsgast in meine heiligen Hallen und fragte, womit ich seinen Gaumen erfreuen könnte. Meine Nachwehen vom Vorabend überspielte ich dabei gekonnt mit meinem schauspielerischen Talent. Mein Gast meinte: »Lass uns doch ein Glas guten Rotwein aus deinem Weinkeller schlürfen!« und gratulierte mir dabei nachträglich zu meinem Geburtstag. Wir gingen in den Weinkeller und obwohl ich wenig Lust auf Alkohol verspürte, orderte ich dennoch zwei Gläser vom roten Rebensaft. Ein Glas wird schon gehen, ein Glas ist kein Glas, dachte ich. Wir scherzten und lachten und bald machte sich unerwartete Gemütlichkeit breit.

So wurde eine Viertelstunde später die zweite Runde bestellt und auch getrunken. Als ich von einem Kurzausflug auf die Toilette zurückkehrte, hatte mein Besucher eine ganze Flasche auf seine Rechnung bestellt und lächelte mich an. »Der ist lecker und so jung kommen wir nie wieder zusammen«, entschuldigte er seine Eigenmächtigkeit. Mittlerweile hatte sich meine anfängliche Abneigung gegen Alkohol an diesem Tag verflüchtigt und der Grad an guter Laune war deutlich gestiegen. Geschichten um die Gastronomie wurden erzählt, Kollegen liebevoll durch den Kakao gezogen und wenig später kam, was immer kam: Die Frage nach einem neuen Witz. Zur Erklärung: Ich gelte in meinem Bekanntenkreis als begnadeter

Witzerzähler und kann mich selten vor einem Vortrag meiner neuesten Witzerrungenschaften drücken. Es gab Zeiten, da bin ich zu jeder Party eingeladen worden mit der klaren Ansage: »Du machst doch ein bisschen Programm, oder?« Das habe ich seit längerem unterbunden, denn ich bin auf die Dauer kein kostenloser Stargast, der für die gute Laune der Partygäste zuständig ist.

Aber zurück zur Zwei-Mann-Party im Weinkeller. Nach der Leerung der Flasche mit dem sündigen roten Teufel entschied ich, meine geplante Augenpflege auf morgen zu verschieben. Die zweite Flasche ging auf mich und der Abend versprach nicht nur fröhlich, sondern auch feucht zu werden. Gegen drei Uhr erschien mein letzter verbliebener Mitarbeiter, der Sommelier Andreas, mit leicht angesäuertem Gesichtsausdruck an unserem Tisch und fragte, ob ich das Restaurant selbst zuschließe oder ob er noch warten solle. Seine Miene verriet, dass er mir dankbar wäre, wenn wir jetzt Schluss machen würden. Mittlerweile saßen wir vor der fünften Flasche Wein und unsere Gesichter waren schwer gezeichnet.

Wir beschlossen, die halbgeleerte Flasche nicht mehr zu verinnerlichen und die ungeplante Weindegustation nun endlich abzubrechen. Mit unübersehbar angeschlagener Navigation stiegen wir die Treppe zum Restaurant empor und stellten beide fest, dass unser Sprachcomputer nicht mehr flüssig arbeitete. Wie auch, nach fünf Flaschen Rotwein. Gegen drei Uhr dreißig standen wir auf der Straße und bemühten uns, aufrecht zu stehen. Mein später Geburtstagsgast lallte mir zu: »Ich faaahhr diiich jez noch nahhhch Hauuuse.« Worauf ich ihm in ähnlicher Motorik antwortete: »Du bist doch betrungen.

Da steiige ich nich ein.« Wir umarmten uns nochmal, als hätten wir uns 25 Jahre nicht gesehen und würden uns auch erst in 25 Jahren wiedersehen, und jeder ging seiner Wege. Jedenfalls war die Bemühung dazu erkennbar.

Welchen Weg er nahm, weiß ich nicht mehr. Ich begab mich mit der Geschwindigkeit einer Schnecke auf den Nachbarhof, in dem mein Auto parkte. Ich würde mit der Erfahrung von heute gern eine Erfindung als Pflicht in alle Automobile einbauen lassen, einen Alkoholsensor am Lenkrad. Ein Kraftfahrer, der alkoholisiert sein Fahrzeug starten möchte, wird von diesem Sensor enttarnt und das Auto lässt sich nicht mehr starten. Aber ein solcher Sensor befand sich leider nicht in meinem Wagen. Obwohl ich nur knapp zwei Kilometer vom Restaurant entfernt wohnte, entschied ich in einem Anflug geistiger Umnachtung, dass ich immer noch besser fahren als laufen könne. Eine folgenschwere Entscheidung, wie sich bald herausstellen sollte. Selbst nach zehn Jahren schäme ich mich noch für mein Handeln von damals.

Ich startete also tatsächlich den Wagen und setzte ihn rückwärts aus der äußerst engen Toreinfahrt. Bei diesem Vorgang hatte ich mir ohne einen Tropfen Alkohol im Blut in der Vergangenheit schon so manches Mal meine Felgen zerschrammt. An diesem Abend jedoch holte ich mir nicht den kleinsten Kratzer. Ich will mit dieser Bemerkung keinesfalls zum Ausdruck bringen, dass ich meinen fahrbaren Untersatz noch unter Kontrolle hatte. Eher glaubte ich wohl, dass der liebe Gott seine schützenden Hände über einen Hilflosen ausgebreitet hatte. Ich setzte meine Fahrt im Schritttempo fort und fuhr in Richtung Hilton.

Ich war noch keine 400 Meter weit gekommen, als eine Lampe vor mir auftauchte, welche sich bewegte. Die Lampe war in der Mitte einer Kelle angebracht und die Kelle wiederum gehörte zum Arm des Polizisten, der sie mir entgegen hielt. Ich kniff ein Auge zu und sah weniger doppelt. Da die Straße ansonsten menschenleer war, umfuhr ich den hektisch winkenden Uniformierten großräumig und setzte in aller Ruhe meine Geisterfahrt fort. Wenig später bemerkte ich, dass mein Auto links und rechts von zwei Blaulichtfahrzeugen eskortiert wurde. In beiden Polizeiautos saßen Beamte, die mir mit beruhigenden Gesten verständlich machen wollten, dass ich anhalten solle. Aber erst musste doch mein Auto nach Hause gebracht werden! Außerdem war ich nur noch 200 Meter von meiner Wohnung entfernt, also fuhr ich weiter. Ich war nicht mehr Herr meiner Sinne und hatte mir alles, was nun geschah, redlich verdient. Vor meiner Behausung angekommen, versuchte ich noch einzuparken, was aber im Versuch stecken blieb. Die Fahrertür wurde geöffnet und ein Polizist zog den Zündschlüssel ab. Der Motor verstummte und ich hörte jemanden sagen: »Na, dann steigen wir mal aus.«

Wieso wir, ich war doch allein im Auto, dachte ich noch, als ich einen festen Handgriff an meinem Oberarm spürte. Ganz ohne Hilfe wäre ich wahrscheinlich auch nicht so einfach aus dem Sitz gekommen. Endlich draußen, fragte mich der Beamte in Uniform: »Wie heißen Sie?« Ich kannte zwar noch meinen Namen, aber mit der Aussprache lief es nicht mehr so gut. Auch mit dem Finden meiner Papiere war ich derart überfordert, dass dem Polizeibeamten nichts anderes übrig blieb, als mir beim Suchen behilflich zu sein. Nun wurde ich höflich, aber bestimmt in den neben uns parkenden VW-Bus gebeten und saß auf der Rückbank wie ein Häufchen Elend.

Da hast Du den Salat, begann es mir zu dämmern. Mit höchster Anstrengung versuchte ich die wenigen verbliebenen Gedanken in meinem Hirn zu bündeln und bemühte mich, meine Freunde und Helfer in ein Gespräch zu verwickeln. Wären nicht meine Sprachstörungen gewesen, hätte das klappen können. Aber alles, was aus meinem Mund kam, war entweder akustisch nicht verständlich oder einfach nur wirres Zeug. Ich glaube mich zu erinnern, dass ich für einem Augenblick überlegte, meine beiden Begleiter als Wiedergutmachung in mein Restaurant einzuladen. Aber dann fiel mir ein, dass wir ja schon geschlossen haben. Heute weiß ich, dass dieser blödsinnige Bestechungsversuch ohnehin fehlgeschlagen wäre. Irgendwann während meiner lallenden Konversation drehte sich der Beifahrer zu mir um und sagte: »Sie hätten in Ihrem Zustand meine Tochter totfahren können, und nun ist Ruhe hier.«

Dieser Satz saß und ich entschied mich dafür, meine Augen und meinen Mund zu schließen. Nach einer kleinen Stadtrundfahrt, bei der mir sämtliche Orientierung fehlte, kamen wir auf einem Polizeirevier an und ich nahm auf der mir zugewiesenen Bank Platz. Wie lange ich dort saß, weiß ich nicht mehr, aber mein körperlicher und vor allem seelischer Zustand war jämmerlich. Dann brachte man mich in einen anderen Raum, wo mich eine weiß bekittelte Dame freundlich bat, meinen linken Arm frei zu machen. Mir wurde Blut abgenommen. Normalerweise habe ich vor Spritzen einen gewissen Respekt. In diesem Fall spürte ich nicht mal den Einstich. »So, Sie können jetzt gehen«, sagte ein Polizist zu mir. Die Frage nach meiner Fahrerlaubnis, welche man mir abgenommen hatte, beantwortete er mit dem kurzen, aber prägnanten Satz: »Die bleibt hier.« Schon stand ich auf der Straße und wusste nicht im Entferntesten, wo ich mich überhaupt befand. Also kehrte ich zurück in die Wache und bat darum, mir ein Taxi zu rufen. Zu Hause angekommen, ging ich nach einigen Umwegen in meiner Wohnung zu Bett und fiel sofort in einen tiefen Schlaf.

Als ich gegen Mittag die Augen aufschlug und meinen Oberkörper aufrichten wollte, verspürte ich ein Gefühl, als wäre ich nach einer schweren Operation gerade aus der Narkose erwacht. Ich versuchte jede unnötige Körperbewegung zu vermeiden. Ich hatte Kopfschmerzen und fühlte mich wie kurz vor dem Ableben. Wenige Augenblicke später versuchte ich den gestrigen Abend und die Nacht zu rekonstruieren. Ich begann einzelne Puzzleteilchen aneinander zu reihen, an die ich mich zu erinnern begann. Immer mehr Bruchstücke fügten sich nach und nach zusammen. Als ich das Ganze zusammengesetzt hatte, ergriff mich ein Zustand totaler Verzweiflung. Mir wurde augenblicklich klar, welche unverzeihliche Eskapade ich mir geleistet hatte. Um Gottes Willen, was hast du bloß getan, hämmerte es in meinem Brummschädel wie ein Presslufthammer. Wie ein dahinsiechender Greis schleppte ich mich unter die Dusche in der Hoffnung, alles sei nur ein Alptraum, den ich mit viel kaltem Wasser abspülen könne. So viel Wasser gibt es aber nicht, denn wie lange ich auch unter der Dusche stand, die Realität dessen, was vorgefallen war, holte mich mit brachialer Gewalt unaufhaltsam ein. Eine Stunde später nahm ich mir für den Rest des Tages frei und rief meinen Anwalt an, um ihn über die Geschehnisse der letzten Nacht zu informieren. Anwälte sehen so etwas immer ganz pragmatisch. Nicht einmal der Satz »Bist du denn von allen guten Geistern verlassen?« war von ihm zu hören. »Bleib ganz ruhig«, sagte er, »schick mir die Post zu, die du bald bekommst, und dann sehen wir weiter. Außerdem kannst du eh nichts mehr ändern.« Er hatte gut reden.

An den folgenden Tagen stand ich neben mir und hatte ziemliche Probleme, mich irgendjemandem anzuvertrauen. Der Öffentlichkeit ging ich aus dem Weg und verbrachte viel Zeit mit Grübeln. Aber ich musste ja tätig werden. Ein Plan B musste her. Also:

Ich verkaufe sofort mein Auto. Dass ich es in der nächsten Zeit benützen würde, erschien mir unwahrscheinlich.

Ich kaufe mir ein Fahrrad und erledige ab sofort alle Wege innerhalb der Stadt mit dem Drahtesel.

Alkohol ist für lange, lange Zeit von meiner Getränkeliste gestrichen.

Alle drei Vorgaben wurden systematisch in die Tat umgesetzt und veränderten meinen bisherigen Lebensstil deutlich. Innerhalb von drei Tagen trennte ich mich von meinem geliebten Automobil. Ich kaufte ein Fahrrad und nahm die irritierten Gesichter meiner Mitmenschen äußerlich gelassen hin. Die fragenden Blicke meiner Angestellten muteten fast etwas komisch an. Die ungewohnte körperliche Belastung beim Strampeln hatte ich allerdings unterschätzt, denn ich hatte gute zehn Kilo Übergewicht und schwitzte wie aus Bächen, wenn ich eine längere Tour machte. In den ersten Wochen führte ich fast täglich eine Schlacht gegen meine Kondition und verlor. Aber ich bin ein Kämpfer und außerdem musste ich die Suppe, die ich mir selbst eingebrockt hatte, auch auslöffeln.

Dann kam der Brief. Beim Öffnen war ich ein wenig zittrig, denn ich riss das Schreiben fast auseinander. Innerlich sehr aufgewühlt, verschlang ich den Inhalt des amtlichen Dokuments. Ich überflog Worte wie »Staatsanwaltschaft« und »Entzug der Fahrerlaubnis« und erspähte dann die Zahl »2,47 Promille Blutalkohol«. Danach musste ich mich erst mal setzen. Leichenblass fuhr mir der Schock in die Glieder, obwohl mir klar war, dass das Ergebnis so ausfallen musste. Aber schwarz auf weiß war es besonders niederschmetternd.

Die nun folgenden Monate verbrachte ich mit der Gewissheit, per pedes oder maximal mit dem fußgetriebenen Zweirad unterwegs zu sein und sämtliche gesellschaftlichen und privaten Anlässe mit Mineralwasser zu begehen. Ich trank ein ganzes Jahr keinen Tropfen Alkohol und fühlte mich ausgesprochen gut dabei.

Nach den ersten acht Wochen wurde ich zunehmend fit auf dem Fahrrad und entdeckte meine Liebe zu diesem Sport. Schon nach einem halben Jahr war mein Körpergewicht von 78 auf 61 Kilogramm geschrumpft, ich ging drei bis viermal in der Woche zwei Stunden ins Fitnessstudio und verblüffte nicht nur meine Angestellten mit meinen sportlichen Ambitionen. Das Auto fehlte mir fast überhaupt nicht mehr und ich sah den Umstand, dem ich das alles verdankte, mittlerweile als Wink des Schicksals an.

Nur dass keine falschen Vorstellungen aufkommen: Ich hätte natürlich gern meinen Amoklauf ungeschehen gemacht, schon allein aus moralischen Gründen. Nach zwei Monaten erhielt ich das Urteil: 16 Monate Entzug des Führerscheins, 5000 Euro Geldstrafe und MPU. In Worten: medizinisch-psychologische Untersuchung. Die, bei der fast jeder beim ersten Mal durchfällt. Aber ich war zuversichtlich, dass man dort erkennen würde, wie sehr ich meinen Lebensstil geändert hatte.

Ich kam anderthalb Jahre später zur DEKRA – mit besten Leberwerten im Gepäck und der Kondition eines Marathonläufers. Inzwischen hatte ich am Berlin Marathon teilgenommen und mit einer Zeit von 3 Stunden und 47 Minuten allen Zweiflern bewiesen, was ich für ein »Kraftpaket« war. Auf dem Fragebogen bei der DEKRA schrieb ich bei der letzten Frage, ob es Pech gewesen sei, dass ich erwischt wurde: Nein, das war mein Glück! Den Reaktionstest bestand ich mit den Worten der Medizinerin: »Bei Ihren Reflexen können Sie ja Pilot werden.« Doch dann musste ich zur Psychologin. Sie begrüßte mich mit: »Guten Tag, Herr Goi!« Ich konnte mir nicht verkneifen, sie zu korrigieren: »Guy, bitte!«

»Von mir aus auch so«, antwortete sie und verzog dabei ihr Gesicht zu einer entnervten Grimasse. »Sie sind also Kneiper«, startete sie ihren nächsten Angriff. »Ich habe ein Restaurant«, versuchte ich abermals kleinlaut mein Licht nicht allzu sehr unter den Scheffel zu stellen. »Ach so«, intonierte sie mit hörbar ironischem Unterton. »Am Gendarmenmarkt auch noch«, las sie aus den vor ihr liegenden Unterlagen ab. »Dort, wo unsereins sich einen Besuch nicht leisten kann.« Ich spürte deutlich: Bei dieser

Frau hast du gerade verschissen. Eigentlich kannst du jetzt deine Klieben packen und sofort gehen. All meine Bemühungen schienen in diesem Augenblick vergeblich gewesen zu sein.

Als sie mich fragte »Wie viel haben Sie denn an besagtem Abend getrunken?«, war ich dermaßen von der Rolle, dass ich versuchte, mein Verbrechen klein zu reden. Dabei hätte ich doch wissen müssen, dass der Promillegehalt meines Blutes alles erklärte. »So eine bis anderthalb Flaschen Wein«, log ich ihr ins Gesicht. Sie lehnte sich zurück und sagte: »Sie hatten 2,47 Promille. Bei dieser Menge Alkohol im Blut ist ein normaler Mensch klinisch tot. Sie sind sogar noch Auto gefahren. Das lässt auf ein erhebliches Trinktraining in den letzten Jahren schließen. Ich empfehle Ihnen, den Kreis der Anonymen Alkoholiker aufzusuchen. Ein Auto jedenfalls sollten Sie nicht mehr fahren.«

Alles in mir brach zusammen. Der Grad meiner innerlichen Zerstörung war so groß, dass ich überlegte auszuwandern oder den Schreibtisch, vor dem ich saß, auf diese nette Dame zu kippen. Beides ließ ich ausfallen. Das Gespräch endete nach einer Weile, die mir wie eine Ewigkeit vorkam, und ich stand hilflos im Flur der DEKRA. Draußen wartete meine Frau, Kerstin, auf mich, die die volle Breitseite meines Zornes über das soeben Erlebte abbekam. Zehn lange Tage vergingen, bis das Gutachten im Postkasten lag. Vierzehn Seiten voller Boshaftigkeiten, aber auf der letzten Seite stand der Satz: »Aufgrund der guten physischen und psychischen Vorstellung empfehlen wir der Straßenverkehrsbehörde, Herrn Guy die Fahrerlaubnis zurück zu erteilen. Allerdings mit der Auflage, vorher noch an einer vierwöchigen Schulung für alkoholauffällige Kraftfahrer teilzunehmen.« Mein Herz machte einen Freudensprung und all mein Ärger über mich, die Psychologin und die ganze Welt war verflogen.

Nun fahre ich seit über acht Jahren wieder Auto, benutze aber weiterhin sehr oft das Fahrrad und auch Sport gehört weiterhin zu meinem Leben. Auch Wein trinke ich wieder, aber niemals vor oder gar während einer Autofahrt. Wenn ich an die Kosten denke, die mir mein Saufkorso beschert hat, wird mir heute noch übel. Es war die teuerste Geburtstagsfeier meines Lebens.

Intermezzo II

Im Jahr 2006 beging ich meinen 50. Geburtstag. Für mich ist das der wichtigste runde Geburtstag im Leben eines Menschen. Denn man hat ein halbes Jahrhundert hinter sich gebracht, und sollte man die 100 noch schaffen, was den wenigsten Menschen gelingt, kann man nicht mehr so richtig mitfeiern oder nimmt es gar nicht mehr wahr. Ausnahmen bestätigen die Regel, Johannes Heesters beispielsweise. Nach Lage der Dinge werden wir auch seinen 200. Geburtstag noch mit ihm feiern. Es sei denn, er wird von RTL ins Dschungelcamp geschickt und dort von einer Schlange gebissen.

Ich feierte meinen Ehrentag mit Volldampf und lud alle Freunde und Geschäftspartner, natürlich meine Familie und sogar zwei ehemalige Lehrer aus meiner Oberschule dazu ein. Viele bekannte Künstler, mit denen ich seit langem befreundet bin, sind an diesem Tag für mich aufgetreten und eine Überraschung jagte die nächste. Über 200 Gäste waren erschienen und selbst unser Regierender Bürgermeister, Klaus Wowereit, hat es sich nicht nehmen lassen, dabei zu sein. Wir feierten natürlich im »Guy«, wo sonst? Um 22 Uhr hatte ich für alle Gäste eine besondere Überraschung parat. Mein Freund Sascha Iljinski, der ehemalige Intendant des Friedrichstadtpalasts, moderierte das Programm und hatte selbst um Mitternacht Geburtstag. Ein gemeinsamer Freund war Pyrotechniker und organisierte uns ein Höhenfeuerwerk, welches vom Gendarmenmarkt aus zu sehen war. Alle Genehmigungen waren eingeholt und die Gäste wurden kurz vor zehn auf den Gendarmenmarkt gebeten. Dort hatte ich eine kleine Bar aufgebaut, um jedem ein Glas Sekt zum Feuerwerk servieren zu können. Die Böller stiegen in den Himmel und die »Ahs« und »Ohs« der Partygäste machten mich glücklich. Die Überraschung schien gelungen.

Leider hatte ich in meiner Planung jedoch nicht berücksichtigt, dass zur gleichen Zeit die Vorstellung im Konzerthaus zu Ende war und rund 1000 Besucher auf den Gendarmenmarkt strömten. Viele von ihnen nahmen das Feuerwerk als Zugabe, als Konzertausklang oder als willkommenen Höhepunkt mit und freuten sich sichtlich über die Sektspende eines unbekannten Sponsors. Ich traute meinen Augen nicht, als ich auf einmal fast die doppelte Anzahl von Menschen an meiner Sektbar stehen sah. Ich nahm mir einen Kellner beiseite und fauchte ihn an: »Ihr könnt doch den Sekt nicht an Fremde ausschenken!« Ich bekam die einleuchtende Antwort: »Chef, wie sollen wir denn auseinander halten, wer zu Ihnen gehört und wer nicht?« Da hatte er wohl Recht. Gut, dann stoße ich eben mit ein paar mehr Geburtstagsgästen an als eingeladen waren.
An seinem 50. sollte man sich nicht ärgern.

Das konspirative Geheimtreffen

Manchmal, wenn das Telefon in meinem Restaurant klingelt, ist dies der Beginn eines sehr skurrilen Telefonats. Ein Anrufer will wissen, ob es schon Fälle von Salmonellenvergiftung bei uns gab, er habe eine Unverträglichkeit, was diese Tierchen angeht. Ein anderer will unbedingt an einem runden Tisch bei uns sitzen, weil sein ästhetisches Empfinden keinen eckigen zulässt. Außerdem hätte er eine Hyazinthenallergie. Soweit ich mich erinnere, habe ich noch niemals Hyazinthen als Tischschmuck eingesetzt. In der Regel wälze ich solche quälenden Anrufe auf meine Restaurantleiterin ab. Aber der Anrufer, der diese Geschichte einläutete, hatte das Glück, mich persönlich an den Apparat zu bekommen. Er sprach Deutsch mit deutlich amerikanischem Akzent. »Mr. Guy?«, raunte es durch das Telefon. »Ja, Sie sprechen mit Herrn Guy persönlich«, schickte ich mich an, dem Gespräch eine etwas offizielle Note zu verleihen. Dann kam seine Frage: »Bist Du eine Ehrenmann?« Was soll man auf eine solche Frage eines Fremden antworten? Etwa die Wahrheit sagen? Natürlich die Wahrheit. Was sonst? Ich: »Ich denke schon. Warum wollen Sie das so genau wissen?« – »Du bekommst morgen Mittag eine wichtige Besuch. Eine große Mensch kommt in die Restaurant bei dir essen.« Ich verstand nur Bahnhof. Ein großer Mensch? Zwei Meter zwanzig oder so? Oder meinte er einen besonders prominenten Zeitgenossen? Er weiter: »Die kommt aber nicht alleine. Die kommt mit drei bis fünf People. Wir brauchen eine Tisch, die weg von die anderen sitzen. Und du darfst nicht sagen die Presse. Wenn du doch tust, dann wird diese Mann nicht kommen.« Jetzt wurde ich neugierig. Meine Erfahrungen mit amerikanisch sprechenden Gästen waren nicht die besten. Ich sage nur: Mr. Vanderbilt. Aber hier ging es um eine simple Reservierung, die entweder kommt oder nicht kommt. Also fragte ich, wie denn dieser wichtige Gast heißt. Seine Antwort war: »Du wirst erkennen, wenn du siehst. Musst du jetzt nicht wissen, die Namen. Sonst du sagst doch die Presse.« Ich wollte gerade intervenieren, aber es hatte schon »klick« gemacht. Er hatte aufgelegt. Was sollte ich von solch einem Anruf halten? Wieder einmal einer, der den Versuch startete, mich auf den Arm zu nehmen und aufs Kreuz zu legen? Am besten abhaken. Wir waren am nächsten Tag mittags nicht ausgebucht, also hatte ich rein prophylaktisch einen separaten Tisch im Weinkeller ein wenig abseits vom Trubel reservieren lassen. Höchstwahrscheinlich vergeblich, aber so ein leerer Tisch frisst keine Brötchen. Ich kann nicht mal sagen, warum ich an diesem Tag meiner Assistentin Yvonne einen Kaffee im Weinkeller anbot. Es war kurz nach zwölf und ich war mitten im Gespräch mit ihr, als oben an der Treppe ein stattlicher grauhaariger Herr auf der Bildfläche erschien. Den kannte ich. Es war der ehemalige Staatsratsvorsitzende der DDR, Egon Krenz. Ich war irritiert und sagte zu Yvonne: »Nicht umdrehen. Da oben steht der Krenz.« Den kann der Anrufer von gestern aber nicht gemeint haben. Oder doch? Ist der nicht eigentlich im Knast, sinnierte ich vor mich hin. Er war in Begleitung einer jungen Dame. Beide wurden vom Kellner zielstrebig an den Tisch im Weinkeller geleitet. Nun saß er bei mir, der Generalsekretär a. D., der ewige FDJodler-Häuptling. Ich will nicht verhehlen, dass ich in diesem Moment viele Erinnerungssplitter aus meiner Jugendzeit wie Funken durch meinen Kopf sprühen sah. Doch viel Zeit blieb dafür nicht, denn in diesem Augenblick stand er da, der eigentliche Gast. Ich erstarrte. In Bruchteilen von Sekunden stellten sich meine Unterarmhärchen auf und Gänsehaut überzog einige Teile meines Körpers. Er stand einfach da, als wäre es das Normalste von der Welt. Der zweifache Oscar-Preisträger. Einer der besten Schauspieler Hollywoods, was sage ich, einer der besten Schauspieler der Welt! Locker, unauffällig gekleidet, schwarze Jeans, schwarzer Pulli, zwei Mann Begleitung. Nun kam er die Treppe herunter und ging freudestrahlend auf Egon zu. Ich war fassungslos. Es fehlte nicht viel und ich hätte hyperventiliert. Was, um Gottes Willen, hat der Weltstar mit diesem Polit-Knacki zu tun? Was um alles in der Welt geht hier vor? Versteckte Kamera? Nein. Eine Fata Morgana? Nein. Das war Wirklichkeit! Da stand Tom Hanks und setzte sich in diesem Moment zu Egon Krenz. Wenn ich das in meiner Skatrunde erzähle, dachte ich, fragen meine beiden Freunde, ob es wieder mal soweit wäre und die Psychiatrie kommen muss. Genauso gut könnte ich auch behaupten: Ich gehe morgen mit dem Papst ins Pornokino!

Zur Sache. Da saßen sie nun. Es war schon außergewöhnlich, dass ein Hollywoodstar in unser Restaurant einkehrt. Die Konstellation Krenz – Hanks ließ dieses Zusammentreffen noch absonderlicher erscheinen. Die Begleiterin von Herrn Krenz entpuppte sich als Dolmetscherin und die Begleiter von Herrn Hanks waren Produzenten. Nun musste man annehmen, über das ehemalige Staatsoberhaupt der DDR wird ein Film gedreht. In der Hauptrolle: Tom Hanks als Egon. Oder es hat irgendwie mit dem Mauerfall und den letzten Tagen der DDR zu tun. Alle Spekulationen hatten jäh ein Ende, als ich an den Tisch trat, um meine besonderen Gäste zu begrüßen. Nun stand ich also vor den beiden und bemühte mich redlich, locker zu wirken und trotzdem meinem Gefühl der Freude über den Besuch eines Oscar-Preisträgers genügend Ausdruck zu verleihen. Ganz am Rande konnte ich mir natürlich nicht verkneifen, in das Gespräch einzuflechten, dass auch ich ein zwar unbedeutender, aber immerhin ein Kollege von Tom bin, denn schließlich hatte ich ja Schauspiel studiert. Eigentlich kam mir diese Bemerkung, schon als ich sie aussprach, ziemlich überflüssig vor. Aber zu spät. Hanks sprang auf, umarmte mich und klopfte mir gefühlte sieben Minuten mit beiden Händen auf die Schultern. Seine Freude darüber, dass auch ich Schauspieler bin, war offensichtlich sehr ehrlich. Ich war im wahrsten Sinne des Wortes ergriffen. Nun war es Zeit, auch den Rest am Tisch zu begrüßen, was ich artig tat. Ich nahm die Gelegenheit wahr und bat den Gast aus Amerika um einen Eintrag in mein Gästebuch. Dieses Buch ist mittlerweile ein kleiner Schatz. Wer sich alles darin schon verewigt hat – beeindruckend! Ich habe dieses Buch für meine Enkel angelegt, um später einmal sagen zu können: »Schaut mal, all diese Leute habe ich persönlich bewirtet. Mit vielen habe ich angestoßen, mit manchen gefeiert und einige sind sogar Freunde geworden.« Bei der Schnelllebigkeit unserer Zeit ist es allerdings fraglich, ob die Prominenten von heute dann noch prominent sind.

Aber zurück zu Tom und Egon. Hanks trug sich mit lobenden Bemerkungen ins Gästebuch ein und schon wollte ich voll Stolz mit der neuen Trophäe den Tisch verlassen, als es mir durch den Kopf schoss: Und Krenz, was ist mit ihm? Das ist nicht nur eine Frage der Höflichkeit. Schließlich ist auch er ein Mensch, der ein Stück Geschichte geschrieben hat. Welche Geschichte, das will ich hier nicht bewerten. Also klappte ich das Gästebuch nicht zu, sondern drehte es in die andere Richtung und legte es auf seinen Platz. »Herr Krenz, würden Sie sich bitte auch eintragen?« Unsere Blicke trafen sich und er fragte: »Glauben Sie, dass es Ihrem Hause zuträglich ist, wenn ich da drin stehe?« Ich war zugegebenermaßen überrascht. War das der Anflug einer leisen kritischen Haltung gegenüber sich selbst? Oder Koketterie? Egal. Ich holte zum Gegenschlag aus und erlaubte mir die Frechheit zu antworten: »Herr Krenz, Sie wissen doch: Zeit heilt alle Wunden.« Ich weiß, der Satz war herb. Aber den musste er schon aushalten. Die Bürger der DDR mussten damals auch so einiges aushalten. Außerdem hatte mein kleiner Seitenhieb kein Gramm Siegermentalität. Wie auch, ich kam schließlich selbst aus dem Osten. Er lächelte und signierte ohne zu zögern. Diesmal setzte er seine Unterschrift unter kein amtliches Dokument und es hatte für keinen der Beteiligten politische Folgen. So ändern sich die Zeiten.

Nun kam Egon raus mit der Sprache. Ohne dass ich gefragt hatte, erklärte er mir, er sei heute als Zeitzeuge geladen. Es ginge um Dean Reed, den amerikanischen

Sänger und Schauspieler, der damals in die DDR übergesiedelt war. Tom Hanks wolle einen Film über ihn drehen. Er, Krenz, sei zu Lebzeiten mit ihm befreundet gewesen und würde heute befragt werden, wie er und wie alles so war. Nun war es raus, und dieses skurrile Treffen fand eine plausible Erklärung. Man tafelte und redete gut zweieinhalb Stunden, alles war schön. Am Schluss gab es ein Erinnerungsfoto und Tom konnte nicht umhin, sich noch mal klar zu machen: »Ich habe heute den Chef der DDR getroffen.« Er schien es selbst nur langsam zu realisieren. Nach dem Abschlusskaffee löste sich die Gesellschaft auf. Ich begleitete beide noch zum Haupteingang über den Hof bis auf die Straße. Dort standen ein schwarzer Benz mit verdunkelten Scheiben, in welchen die Gruppe um Tom Hanks einstieg, und eine schwarze Limousine für unseren Egon. Alles ein bisschen wie früher. Nur fuhr die Limousine diesmal nicht ins Staatsratsgebäude, sondern ins Gefängnis. Er war zwar Freigänger, aber abends musste er ja »nach Hause«.

Herr Krenz stieg nicht gleich ein, sondern unterhielt sich ein bisschen mit mir. Etwa so: »Das Restaurant gehört Ihnen allein?« – »Ja.« – »Dann sind Sie also ein reicher Mann?« – »Das würde ich nicht sagen«, war meine Antwort, »alles, was ich besitze, steckt da drin, und es ist manchmal sehr viel Arbeit für oftmals wenig Geld.«

»Es hat mir gut gefallen«, antwortete Krenz. »Wenn ich raus bin, komme ich wieder.« Wie schon gesagt, jeder Gast ist willkommen. Er stieg ein und fuhr von dannen. Die Leute, die uns während unserer Unterhaltung im Vorübergehen anschauten, waren verwundert oder irritiert. Oder bilde ich mir das nur ein?

Nun waren beide fort und ich wollte zur Tagesordnung übergehen. Doch es kam alles ganz anders. Wenige Minuten später rief mich ein befreundeter Journalist an und fragte aufgeregt: »Stimmt das, was mir ein Vögelchen gerade gezwitschert hat? Krenz und Hanks waren bei dir?« Hätte ich leugnen sollen? Sie waren gegangen, also gab ich es zu. Was nun passierte, hatte den Charakter einer Boulevardkomödie. Innerhalb von anderthalb Stunden gaben sich Journalisten aller großen Tageszeitungen und mancher Fernsehsender im »Guy« die Klinke in die Hand. Alle hatten nur die Aufgabe, den leeren Tisch zu fotografieren und zu filmen, an dem meine Stargäste gesessen hatten. Auch die Unterschriften im Gästebuch mussten als Fotomodell herhalten. Ich konnte es nicht fassen. Noch weniger konnte ich fassen, dass ich am nächsten Tag meinen Namen auf der Titelseite fast aller Gazetten lesen konnte. Die meistbenutzte Schlagzeile lautete: Geheimtreffen im Restaurant »Guy«. Untertitel: Hollywoodstar Hanks trifft Egon Krenz. Dass dieses Treffen eine derartige Maschinerie in Gang gesetzt hatte, konnte ich mir beileibe nicht erklären. Aber nun gut. Ich ticke auch nicht wie ein Journalist. Dass dieses enorme Presse-Interesse nicht schädlich für mein Restaurant war, ist mir klar, und doch hatte ich ein schlechtes Gewissen gegenüber dem Anrufer von vor zwei Tagen: »Du darfst nichts sagen die Presse!« Aber ich hab ja auch nichts gesagt, erst danach, entschuldigte ich mein Verhalten vor mir selbst. Ein kleines bisschen Promotion darf doch sein, oder?

Am Samstag danach lief im Fernsehen die Sendung »Wetten, dass?« mit Thomas Gottschalk. Ich hatte frei und sah sie mir an. Einer seiner Gäste war der gleiche Tom Hanks, der auch bei mir zu Besuch war. Gottschalk fragte ihn im Interview: »Du hast dich diese Woche mit Egon Krenz getroffen?« Ich saß zu Hause vor dem Fernseher und sprang wie von der Tarantel gestochen auf, rannte zum Fernsehgerät und schrie in den Bildschirm: »Sag jetzt, wo! Sag jetzt, wo!« Doch er konnte mich leider nicht hören.

Staatsbesuch mit Pistole

Neben den privaten Gästen, die sich kulinarisch in meinem Restaurant verwöhnen lassen wollen, sollen hin und wieder auch offizielle Staatsbesuche durch unsere Küche einen glanzvollen Beginn oder Abschluss erfahren. So kann ich auf eine stattliche Zahl von bekannten internationalen Politikern als Gäste zurückblicken. Auch Staatsoberhäupter, sogar Könige waren darunter, so zum Beispiel der israelische Ministerpräsident Netanjahu, der polnische und der georgische Staatspräsident, die Königin von Jordanien, der dienstälteste Außenminister der USA, Dr. Henry Kissinger, letzterer im Übrigen sogar zweimal, außerdem die drei letzten Bundeskanzler und vier Bundespräsidenten der Bundesrepublik Deutschland.

Eines Tages, der damalige Präsident der Vereinigten Staaten, Bill Clinton, war gerade in der Stadt, tauchte ein hoher Beamter des Landeskriminalamtes in Uniform bei mir im Restaurant auf. Es war gegen zehn Uhr vormittags. Schnell kam er zur Sache: »Es ist damit zu rechnen«, hörte ich ihn sagen, »dass heute Abend eine wichtige Persönlichkeit bei Ihnen speisen wird.« Die Tatsache, dass Mr. President in Berlin weilte, ließ mich aufhorchen. Eine gewisse innere Unruhe überfiel mich und ich sah mich schon im Geiste Billy dem Großen das Patschhändchen schütteln und mit ihm eine mehrstündige politische Konversation über die Lage der Welt führen. Der Beamte vom LKA rüttelte mich aber unsanft mit deutlichen Fragen zur strategischen Lage der Kellertüren aus meiner Vorstellung. Alle Ausgänge und Räumlichkeiten wurden in Augenschein genommen und die Kellertüren verschlossen, ja sogar versiegelt. Mir wurde langsam bewusst, dass dies kein normaler Tag werden würde. »So«, sagte er freundlich, aber immer noch mit einem Tonfall, der keinerlei Widerspruch zulassen würde, »gegen 13 Uhr kommen die Kollegen vom Secret Service, die regeln das Weitere.« Was auch immer das bedeuten sollte.

12.45 Uhr wusste ich, was es bedeutet. Eine junge Frau, etwa dreißig Jahre alt und einen Meter neunzig groß, mit einer Figur wie die Zwillingsschwester von Vitali Klitschko, erschien im schwarzen Hosenanzug mit weißer Bluse. Ihre Jacke war nicht zugeknöpft und so zog die Wumme an ihrem Gürtel meine ungeteilte Aufmerksamkeit auf sich. Auf der anderen Seite des Gürtels blitzte eine Art Sheriffstern auf. Nicht nur ihr athletischer Körperbau und ihre männlich-herbe Stimme schlugen mich in den Bann, sondern auch die Art, in der sie mit mir sprach. Sie legte fest und befahl. Jeder Satz war eine Order. Sie war offensichtlich daran gewöhnt, dass man ihr stumm zuhörte, wenn sie sprach. Der Rest der zwanzigköpfigen Gruppe war ausschließlich männlich, aber alle machten, was die einzige Frau sagte. Übrigens waren die Herren durch die Bank mit einer Zehnkämpferfigur ausgestattet.

Das Haus mit allen Nebengelassen, vom Müllraum bis zum Glaslager, vom Aufzug bis zur Spülküche, sowie sämtliches Inventar wurde kontrolliert, gedreht und gewendet, abgeklopft und ausprobiert. »Um 17 Uhr kommen die Bombenhunde«, sagte Frau Feldwebel. Meine Aufregung nahm unweigerlich zu und erreichte auf der Skala von 1 bis 10 nun Pegel 7. Zwei Kellner wurden ausgesucht, welche unseren speziellen Abendgast bewirten würden. Diese mussten ihre Personalien angeben und eine Prüfung auf Herz, Nieren und andere Vorstrafen wurde eingeleitet. Als ich dann noch mitbekam, dass alle Autos, die draußen auf der Straße parkten, umgesetzt, also abgeschleppt wurden, diesmal auf Staatskosten, wurde mir bewusst: Hier geht heute noch die Post ab.

Nun hatte ich an diesem Tag aber noch eine Bankettveranstaltung von Sony, genauer gesagt dem Vorstand von Sony Europa im oberen Salon, etwa dreißig Gäste, die nicht nur in die Rubrik »wichtig« einzuordnen waren, sondern auch ein sehr schönes Menü mit tollen Weinen bekamen. Diese Veranstaltung hatte ebenfalls einen hohen Grad an Wichtigkeit und benötigte unsere volle Konzentration.

Nun kam unser Dragoner, Miss Brigadegeneral, auf mich zu und teilte mir lakonisch mit: »Die Veranstaltung da oben fällt aus.« »Wie jetzt, fällt aus? Haben die abgesagt?« – »Nein! Sie sagen denen jetzt ab!« Dieser Satz traf mich, als hätte sie gerade mit einem Baseballschläger meinen Hinterkopf getroffen. Ich fasste mir ein Herz und widersprach. Das war ihr noch nie passiert. Sie stutzte, zog vier deutliche Falten auf der Stirn, stellte ein Bein nach vorn und begann erstaunlich einlenkend zu argumentieren: »Der Raum oben hat eine angrenzende Terrasse, welche in den Hof hineinragt. Wenn die Gäste im Bankettsalon auf die Terrasse gehen, könnten sie ungehindert auf Frau Albright sehen, und das darf nicht sein!« Jetzt war es raus.

Nicht Mr. President, sondern Frau Albright, seine Außenministerin, käme heute Abend also zu mir. Na gut. Bill wäre mir natürlich lieber gewesen, aber meine Wünsche wurden vom Secret Service offensichtlich bei der Planung nicht berücksichtigt. So war es nun mal, und damit musste ich leben. Immerhin die Nummer Zwei, beschwichtigte ich mich und machte mir die ersten Gedanken, wie und mit welchen Worten ich sie begrüßen würde. Dass ich das tat, war für mich eine Selbstverständlichkeit. Für Miss Special Agent leider nicht, denn auf meine Bemerkung, dass ich die Außenministerin persönlich empfangen werde, fiel sie mir wie eine Guillotine ins Wort und schnitt es mir ab: »Eine Begrüßung ist nicht vorgesehen, also findet auch keine statt.«

Selbst die Klarstellung meinerseits, dass dies hier mein Haus sei und ich traditionell meine Gäste persönlich begrüße, stimmte sie nicht um. Auf das »no« folgte noch ein »enough«, das englische Wort für »basta«. Langsam bekam ich eine Wut. Eine der mächtigsten Frauen der Welt, vielleicht die mächtigste überhaupt, wird bei mir essen und ich darf sie weder begrüßen noch irgendetwas in meinem Restaurant entscheiden! Als die Bombenhunde kamen und mit ihrer Schnüffelei in meiner Küche beginnen sollten, wuchs ich auf die Körpergröße unserer Colt-Lady, stellte die Oberarme so weit vom Körper ab, als hätte ich Rasierklingen unter den Achseln und sagte: »Hunde setzen keine Pfote in meine Küche!« Dabei versuchte ich den Blick von John Wayne bei einem seiner Pistolenduelle zu kopieren. Mein Blick prallte allerdings am Gletscherblick meiner Gegenspielerin ab und das Feuerchen in meinen Augen erlosch abrupt. Ihre Miene zeigte fast etwas Mitleid mit mir und sie sagte mit völlig untersteuerter Stimme: »Okay. Dann kommt Frau Albright eben nicht.« Sie hatte den Schlagabtausch für sich entschieden. Ich ging zu Boden und war ausgezählt: »Na gut, aber bitte achten Sie darauf, dass keiner Ihrer vierbeinigen Agents sich ein Filet aus der Pfanne stiehlt«, versuchte ich humorvoll zu wirken und meine Niederlage zu relativieren. Ich glaube, Humor war etwas, was diese Frau nicht kannte. Sie hatte nicht einmal davon gehört. Auch die Hunde sahen mich verächtlich an. Wenn sie Deutsch verstanden hätten, wären sie vermutlich über mich hergefallen. Also suchte ich mir eine Beschäftigung und ging den Hunden und unserem Dragoner lieber aus dem Weg.

Das Menü wurde abgesprochen. Dabei erfuhr ich, dass Außenminister Joschka Fischer der Einladende war. Den kannten wir gut, denn er war häufiger Gast im »Guy«. Dass Joschka fettarm aß, ohne Butter und nur Fisch, das wussten wir. Auch Alkohol stand nicht zur Debatte. Er war damals schlank, rank und sehr sportlich: Marathonläufer. Wie ich schon sagte: Damals. Heute würde er das Sakko von damals maximal noch als Kopftuch benutzen können. Also gab es an diesem Abend Salat mit Wildkräutern und Zitrusspalten, danach Carpaccio vom Pulpo und im Hauptgang Seeteufelmedaillons. Wein wurde nicht bestellt, weil Fischer nicht trank. Die arme Madeleine! Sie hätte so gern ein Glas vom guten deutschen Riesling genossen – Pech gehabt. Die Enttäuschung darüber war ihr am Abend übrigens anzumerken.

Aber chronologisch. Es wurde zwanzig Uhr und mittlerweile waren aus den rund zwanzig Secret Service

Agents fünfzig geworden. Die wuselige Atmosphäre erinnerte fast an eine Cocktailparty. Alle im schwarzen Anzug mit Krawatte, mit dem kleinen Unterschied, dass jeder eine Waffe und einen Knopf im Ohr trug, mit einem Spiralkabel, das im Hemdkragen verschwand. Ich hatte an diesem Abend das sicherste Restaurant der Welt. Auf der Straße wurde die Seite mit unserem Bürgersteig für den Publikumsverkehr komplett gesperrt, auf der anderen Straßenseite eine Kordel gespannt, um die Schaulustigen zu bündeln. Keiner der Bürger, die in Scharen herbeieilten, wusste, welcher Promi jetzt bald auftauchen würde, aber ob des großen Sicherheitsbeamtenaufkommens waren sich alle einig: Es muss Bill Clinton sein! Irrtum! Der war zur gleichen Zeit mit Schröder am Kollwitzplatz und dort waren rund 350 Sicherheitsbeamte. Bei mir waren es am Ende lediglich hundert.

Die beiden Außenminister kamen mit dem Bus. Ein großer Fünfzig-Plätze-Bus der Luxusklasse und mindestens zwanzig Begleitlimousinen hielten vor meinem Eingang in der Jägerstraße. Aus dem Bus stiegen Frau Albright und Herr Fischer mit drei Begleitern, während aus den Limousinen eine Invasion von Bodyguards auf die Straße quoll. Die Schaulustigen auf der anderen Straßenseite bekamen niemanden zu Gesicht, da der Bus die Sicht vollkommen versperrte. Ich stand auf der Treppe und hatte heimlich geübt. Obwohl ich von unserer Knarrenlady das ausdrückliche Verbot hatte, meinen Gast zu begrüßen, ging ich auf beide zu, streckte Frau Albright selbstbewusst meine Hand entgegen und sagte: »Welcome, Mrs. Secretary, it's a great honour for us.« Dann wandte ich mich Joschka Fischer zu und begrüßte ihn wie immer, worauf er antwortete: »Ich freue mich schon auf Ihren Fisch, Herr Guy.« Miss Superagent hatte wenig Möglichkeit einzugreifen, aber die Blicke, welche sie mir nach meiner Eigenmächtigkeit zuwarf, hätten töten können. Sei jetzt bloß vorsichtig, dachte ich, sonst zerrt sie dich womöglich in einen Kellerraum und befördert dich mit einem geübten Karateschlag à la Shaolin-Kloster sofort ins Wach-Koma.

Meine Restaurantleiterin Stefanie fragte mich: »Chef, hast Du einen Fotoapparat? Das musst Du doch fotografieren!« Verdammt, wie konnte ich das vergessen, ich als Publicity-Profi! Also rief ich eine Bekannte an, die in der Nähe wohnte und von der ich wusste, dass sie eine gute Kamera hat. Inzwischen hatten unsere Gäste im Hof Platz genommen, an die fünfzig Sicherheitsbeamte standen noch an ihren Tischen und suchten mit ihren geschulten Augenpaaren die Fassade ab. Auf der Terrasse am Bankettsalon standen im Abstand von einem Meter zwanzig Bodyguards mit dem Rücken zum Hof und mit dem Gesicht zu den Gästen von Sony. Diese hatten sich natürlich auf die Terrasse gedrängt, um einen Blick auf unserem Staatsgast zu erhaschen, aber Pustekuchen. Sie kamen nicht an die Balustrade, denn die menschliche Mauer verhinderte dies. Es war ja schon ein Glück, dass die Leute von Sony überhaupt kommen durften.

Nach der ersten Aufregung und ungefähr zehn Minuten beruhigte sich die Horde von Sicherheitsleuten und wie auf Kommando nahmen alle Platz, denn alle bekamen etwas zu essen. Auf einmal entstand eine zutiefst harmonische Atmosphäre. Hätte ich nicht gewusst, was hier heute los war, man hätte denken können, ein schöner lauer Sommerabend im »Guy« ohne die geringste Aufregung. Jetzt musste ich wieder zu meiner Lieblingsagentin. Ich wollte zum Schluss ein Erinnerungsfoto von Frau Albright und Herrn Fischer, also ging ich zu ihr und bat um Erlaubnis. Ich befürchtete, dass mich ein gezielter Schuss aus ihrer Waffe mitten in die Stirn treffen und niederstrecken könnte, wenn ich jetzt den Fotoapparat zücken würde. Also zeigte ich artig den Apparat und bat sie, ein Foto von meinen Ehrengästen und mir schießen zu dürfen. Kurzerhand wurde die Kamera eingezogen, um sie zu untersuchen. Nach fünfzehn Minuten der Ungewissheit hatte ich das Gerät zurück mit der eindeutigen Ansage: »One picture. Only one picture!« Ihr Ton verriet: Wenn du noch ein einziges Mal eigenmächtig handelst, bist du dran! Na gut. Ein Foto ist besser als kein Foto.

Langsam gewöhnten sich mein Team und ich an den Status quo und alles lief ein bisschen wie jeden Abend. Ich ging auf die Straße, um zu schauen, ob immer noch Schaulustige darauf warteten, für den Bruchteil einer Sekunde etwas nicht Alltägliches zu erleben. Und wie konnte es anders sein: Natürlich standen da gefühlte tausend Menschen und erinnerten mich spontan an den Abend, als die Mauer fiel. Ich glaube, diese Schaulust steckt in vielen Menschen, egal wo und warum. Ich ging an den Bewachern vorbei, schwenkte nach links und bog in die Charlottenstraße ein. Dort endete das Revier des Secret Service offensichtlich, denn mir begegnete ganz normaler Publikumsverkehr. Ich spürte die Lust auf das Ende dieses ganzen Rummels in meinem Magen.

Just in diesem Moment traf ich ein befreundetes Ehepaar. Wir begrüßten uns herzlich und ich erfuhr, dass sie auf dem Weg in mein Restaurant seien, um bei mir zu speisen. Gerade wollte ich ihnen die Vorfreude auf einen netten Abend verderben und ihnen erzählen, was heute Abend bei mir abging, da schnellte mir der Gedanke durch den Kopf: Versuch sie doch mit reinzuschleusen! Wenn das klappt, kannst du ein bisschen mit deiner Attraktion angeben. Warum nicht! Außerdem interessierte mich die Reaktion der Bodyguards, wenn die beiden mit mir ins Restaurant kämen, quasi in Begleitung des Hausherrn, denn mich kannten sie ja inzwischen. Wieder einmal blitzte so ein bisschen Abenteuerlust in mir auf. Meinen Freunden gegenüber versuchte ich aber ganz normal zu wirken. Als wir zu dritt um die Ecke in die Jägerstraße bogen, blieben sie verdattert stehen und fragten mich, was hier los sei. Nichts, wiegelte ich ab und beschleunigte meinen Schritt. Das besondere Schauspiel, welches sich ihnen bot, verunsicherte sie allerdings dermaßen, dass ich befürchten musste, sie würden abdrehen und ihre Pläne für den heutigen Abend ändern. Ich übersprang ihre Überlegungen und drängte zur Eile: »Nun kommt schon! Ich hab was Besonderes für euch vorbereitet!« Stimmte ja auch irgendwie. Zögernd, aber anscheinend nicht genügend irritiert folgten sie mir. Sekunden später standen wir vor der Treppe meines Ladens. Die Posten registrierten mich und meine Begleitung, beide wurden gemustert. Aber offensichtlich ging von meinen Freunden nicht die geringste Gefahr aus, sie waren ja schließlich direkt in meiner Nähe. Also ließ man uns ungehindert passieren. Wie man sich doch irren kann.

Aber dazu gleich.

Glücklicherweise war meine große Freundin nicht in Sicht. Sie hätte mir sicherlich einen Strich durch die Rechnung gemacht. Aber nun waren wir im Hofrestaurant und Tisch Nummer 55, nur zehn Meter Luftlinie von Frau Albright entfernt, war unbesetzt, aber natürlich eingedeckt. Wir nahmen Platz und ich ließ die Katze aus dem Sack. Leider. »Schaut mal, wer da drüben sitzt«, sagte ich mit geschwellter Brust. Ihre Blicke schwenkten nach rechts und die Gesichtsfarbe meines Freundes wechselte zügig von gesunder Hautfarbe in eine nervöse Blässe. Er versuchte sich am Tisch klein zu machen, indem er tief in seinen Stuhl sank, und fragte mich im Flüsterton: »Und die Typen hier? Die sind ...?« – »Na klar«, sagte ich, »die sind alle vom Secret Service. Bodyguards!«

Nun fiel er noch mehr in sich zusammen. Ich konnte seine übertriebene Reaktion nicht deuten. Er begann sichtlich nervös an seinem Sakko zu nesteln und ich fragte ihn, was denn los sei. »Bleib doch mal entspannt! Ich bin ja bei euch. Die tun euch schon nichts!« Hätte ich geahnt, welchem Irrtum ich da gerade auflief, dann hätte ich mir gewünscht, das Ganze wäre ein Traum, gleich würde ich aufwachen und alles wäre wie immer. Aber die grauenvolle Wirklichkeit holte mich in unvorstellbarer Geschwindigkeit ein. Mein Freund beugte sich sehr weit nach vorn und hatte dabei beide Hände unter dem Tisch verschwinden lassen. Er raunte mir zu: »Nimm mal bitte ab!« – »Hm?« – »Na, unterm Tisch! Nimm doch mal ab jetzt!« Ich griff unter die Tischplatte und stieß mit beiden Händen gegen etwas Kaltes, Metallisches. Er übergab mir diesen Gegenstand, zog seine Hände zurück und legte sie demonstrativ auf den Tisch. Nun hatte ich das Corpus delicti in den Händen und den Schwarzen Peter an der Backe: Eine Schusswaffe! Es war unschwer zu erfühlen. Sofort standen mir tausende kleiner Schweißperlen auf die Stirn und ein unbeschreibliches Angstgefühl durchlief meinen ganzen Körper. Ich brachte kein Wort heraus. Mein Freund sagte: »Bring sie weg! Los, bring sie weg!« Ich war fassungslos. »Bist du wahnsinnig?«, zischte ich ihn an. Er sagte: »Ist doch nur eine Gaspistole! Völlig harmlos!« – Na, super! Das wissen die vom Secret Service und ignorieren dieses Teil zehn Meter von ihrer Außenministerin entfernt, schoss es mir durch sämtliche Gehirnwindungen. Mir war klar: Wenn einer von denen das Ding sieht, wechsle ich in Windeseile vom Leben in den Tod und morgen steht weltweit in großen Lettern in allen Zeitungen: »Hartmut Guy beim versuchten Attentat auf Madeleine Albright in seinem Restaurant erschossen!« Ich wäre zwar berühmt, aber so was von tot ... Heute weiß ich nicht mehr, wie ich das Ding unbemerkt in meinem Beinkleid verschwinden ließ, aber es ist mir offensichtlich gelungen. Ich verschwand damit in meinem Büro im Keller, schloss mich ein und verstaute es im Tresor. Ich war ein Held! Beide blieben am Leben. Frau Albright, die Außenministerin, und ich, der Restaurantbesitzer.

Zurück am Tisch, hatte mein Freund wieder seine normale Gesichtsfarbe zurückerlangt und mein Schweißausbruch wich langsam der Freude, überlebt zu haben. Kurz darauf erhoben sich die Minister und es gab das ersehnte Foto. Sogar zu einem Eintrag ins Gästebuch konnte ich meinen hohen Gast überreden und wenige Augenblicke später war alles vorbei. Die Türen der Fahrzeuge schlugen wie auf Kommando zu, ich winkte meiner gesunden Madeleine hinterher und freute mich wie ein Kind, wie schön es doch ist, auf der Welt zu sein.

Ein Solo für den Küchenchef

Sie kennen bestimmt alle den Ohrwurm von Udo Jürgens »Ich war noch niemals in New York«. Merken Sie, wie schon beim Lesen des Titels die Melodie in Ihrem Ohr anfängt, sich selbstständig zu machen? Mir geht es genauso. Udo Jürgens hat uns ja viele Hits beschert, vom »Griechischen Wein«, der bekanntlich in die Glieder geht, über die Bitte nach ordentlich Sahne zum Kuchenbuffet bis zu der sehr optimistischen Feststellung, dass mit 66 Jahren das Leben erst anfängt, sie aber siebzehn war und blondes Haar hatte. Für junge blonde Mädchen schwärmt Udo ja bekanntlich noch heute. Obwohl er inzwischen gute zehn Lenze älter ist als in erwähntem Lied, liegen ihm die Blondinen auch bis heute zu Füßen. Vielleicht nicht mehr alle, aber einige schon. Ob es an seiner Ausstrahlung liegt oder am Starfaktor oder am ersungenen Geldbeutel, lasse ich offen. Dass ihm nicht nur junge Damen, sondern auch Männer, ja ganze Generationen zu Füßen liegen und seine Musik lieben, ist unbestritten. Auch ich mag seine Musik und habe große Hochachtung vor seiner Lebensleistung. Meine Küchenmannschaft allerdings ringt sich bei dem Namen Udo Jürgens nicht mal ein müdes Lächeln ab. Bei einigen bin ich mir nicht mal sicher, ob sie den Namen überhaupt schon einmal gehört haben. Wenn wir nach dem Business-Lunch schließen, um die Vorbereitungen für das Abendmenü zu treffen, wird der CD-Spieler aufgerissen und Heavy Metal, Rammstein oder ähnliche an Körperverletzung grenzende Musikrichtungen füllen sämtliche Quadratmeter meines Hauses. Jede Kommunikation wird auf der Stelle unmöglich und der ohrenbetäubende Lärm fräst sich wie eine Kreissäge durch meinen Kopf. Marcus, mein Küchenchef, sieht schon an meinem Blick, dass der Geräuschpegel das zulässige Maß soeben um etwa 4000 Prozent überschritten hat. Er reagiert dann sofort einsichtig und lässt den Lautstärkeregler vom Anschlag zum ersten Balken zurückdrehen, sozusagen auf Stufe »Untermalung«. In solchen Momenten komme ich mir vor, als hätte ich meine Jugendzeit gänzlich ausgeblendet: Der nette Zivildienstleistende bringt mir gerade meinen Kamillentee mit den Worten »Na Opa, geht's so oder brauchste 'ne Schnabeltasse?« Ich habe dann stets ein schlechtes Gewissen und sage meistens: »Ihr könnt ja die Musik laut machen, aber so hört ihr das Telefon nicht, wenn es klingelt! Es könnte ja eine Tischreservierung für heute Abend sein. Wie wollt ihr die entgegen nehmen, wenn ihr nicht mal euer eigenes Wort versteht?« Äußerst clever von mir, finde ich. Marcus sagt in solchen Fällen zu mir: »Aber die Jungs brauchen das, Chef! Die müssen runterkommen!« Da hat er Recht. Wie diese jungen Leute knüppeln, jeden Tag Stunden schrubben und in ihrem Beruf aufgehen, ist bewundernswert.

Ich hatte allerdings mal einen Küchenchef, der kannte Udo Jürgens und er mochte ihn und seine Lieder sogar. Sein absoluter Lieblingssong war der anfänglich erwähnte Kultschlager »Ich war noch niemals in New York«. Immer, wenn nach einem anstrengenden Service eine Flasche geöffnet wurde, ich dank eines guten Umsatzes großzügig die zweite oder sogar dritte Flasche orderte und der frühe Morgen etwas feucht-fröhlich geriet, sangen wir alle diesen Titel im Chor. Michael, der damalige Küchenchef, kaufte sogar mal eine CD von Udo Jürgens, was darauf schließen lässt, dass er sich in die große Fangemeinde einreihte. Warum auch nicht. Wenn die anderen Köche ihn manchmal ein bisschen aufzogen und auf seinen steinzeitartigen Musikgeschmack anspielten, verteidigte er sich immer mit der vehementen Feststellung: Udo ist ein Star! Praktisch ein Weltstar. Und andere haben es noch nicht geschafft, so lange oben zu bleiben.

Wie es öfter in meinem Restaurant passiert: Die Tür geht auf und sie oder er stehen einfach da. Zum Beispiel die Scorpions oder Nena oder er: Udo. Udo Lindenberg, mit den Worten: »Geiler Laden hier, Alter, geiler Laden!« Das ist immer ein bisschen aufregend, aber immer wieder schön. An besagtem Abend ging sie wieder auf, die Tür. Und da stand er: Udo, diesmal Jürgens. Natürlich in Begleitung von zwei jungen Damen. Ja, ich glaube mich erinnern zu können, sie waren blond. Er war schon mal da, auch in Begleitung von zwei jungen Damen. Aber es waren nicht die gleichen, glaube ich. Er war bester Laune und es wurde ein Fläschchen geöffnet. Nach dem ersten Smalltalk ließ ich die ausgelassene Runde allein und kümmerte mich um die anderen Gäste. Die sind ja schließlich genauso wichtig. Ich ging in die Küche, um einen Tisch abzurufen, und wollte meinem Küchenchef gerade mitteilen, dass sein Lieblingsstar draußen sitzt. Doch dann biss ich mir auf die Zunge und schluckte es runter, denn in diesem Moment begann in mir eine Idee aufzukeimen. Schnell nahm ich das Serviceteam beiseite und erließ die Order: Kein Wort in der Küche, dass Udo Jürgens im Haus ist! Nun pirschte ich mich an unseren Stargast heran. Wie ein Panther schlich ich um seinen Tisch, um so auffällig unauffällig wie möglich darauf aufmerksam zu machen, dass ich etwas Großes mit ihm vorhabe. Irgendwann spürte Udo meine Anwesenheit derart deutlich, dass er seine charmanten Flirtattacken unterbrach und mir einen fragenden, aber etwas nervösen Blick zuwarf, der wohl heißen sollte: Musst du gerade jetzt stören? Ich setzte in diesem Augenblick zum Sprung an und biss mich sinnbildlich an seinem Nacken fest. Es gab für ihn kein Entrinnen mehr. Ich bot ihm nämlich an, eine Flasche Dom Perignon 1990 auf meine Rechnung an seinem Tisch servieren zu lassen. Ein zugegebenermaßen sehr teures Geschenk, aber ich führte ja schließlich eine Gegenleistung im Schilde. Es kam, wie ich erhofft hatte. Er bot mir einen Platz an seinem Tisch an und wir stießen mit dem wundervollen Dom Perignon gemeinsam an. Ich ergriff die Initiative und erzählte ihm, dass neben mir sein größter Fan in der Küche arbeitete – Michael, der Küchenchef. Sein absoluter Lieblingstitel sei »Ich war noch niemals in New York«. Obwohl Udo so etwas wahrscheinlich gefühlte 3 000 Mal am Tag hört, schmeichelte es ihm offensichtlich doch ein bisschen und er lieh mir weiterhin sein Ohr. Nun offenbarte ich meine konspirativen Gedanken: »Stell dir vor, Udo, du gehst mit mir in die Küche, die Automatiktür öffnet sich und du betrittst singend die Küche mit dem Refrain deines Liedes ›Ich war noch niemals in New York‹!« Sofort hängte ich den Satz hintendran: »Es wäre der unvergesslichste Moment im

Leben eines Küchenchefs – und schließlich dauert es ja maximal zwei Minuten!«

Ich spürte eine winzige Zäsur in seinen Augen, ein fast unhörbares Anatmen, eine minimale Pause und dann die Worte: »Na, dann machen wir das doch!« Es hatte tatsächlich geklappt! Ich hätte vor Freude wie ein Kind um den Christbaum tanzen können und dankte voller Begeisterung. Den Tanz um den Christbaum ließ ich ausfallen, schließlich musste ich Herrn Jürgens ja auf Augenhöhe begegnen. Wir stießen noch einmal kurz an und gingen los.

Erst an der Automatiktür, vor der Küche angekommen, bemerkte ich, dass Udo die beiden Blondinen im Schlepptau hatte. Warum nicht, dachte ich. Udo für den Küchenchef, und für die sechs anderen Köche eben etwas fürs Auge. Ich brachte mich in Position und stand da wie ein Startrichter bei den Olympischen Spielen, erhob die rechte Hand und drückte mit der linken Fußspitze auf den Schalter im Parkettfußboden. Die Türe bewegte sich wie ein Sesam-öffne-dich und ich ließ den rechten Arm abrupt nach unten sinken. Wie ein Dirigent gab ich den Einsatz. Auch der Einsatz von Udo klappte. Er ist halt ein Profi und sang einfach los. Dabei betrat er die Küche mit leicht erhobenen Armen und stand schon bei dem Wort »niemals« vor dem Pass unseres Küchenchefs. Selbiger war gerade damit beschäftigt, eine von drei verschiedenen Soßen hochkonzentriert auf dem angerichteten Teller zu drapieren. Beim ersten Ton hob er erschrocken den Kopf. Wie soll man seinen Gesichtsausdruck beschreiben? Schockstarre? Anfängliche Anzeichen von Schizophrenie? Oder absolute Sprachlosigkeit?

Das auf jeden Fall. Es knallte sozusagen in seinem Bahnhof, so dass ihm sämtliche Gesichtszüge entgleisten. Der Unterkiefer fiel dermaßen runter, dass man hätte denken können, er hat gar keinen mehr. Seine Augen traten so weit nach vorn, dass der Begriff Stielaugen völlig neue Dimensionen eröffnete. Ich dachte: Jeden Moment fängt er an zu sabbern. Aber auch der Rest der Küchenbrigade war wie gelähmt. Es war wie im Märchen vom Dornröschen: Niemand bewegte sich mehr, außer unserem Udo, der gerade die letzten Takte sang, und den beiden vollkommen aufgekratzten Blondchen, die immer wieder im affektierten Chor riefen: »Das ist ja süß! Wie niedlich!«

Udo war fertig, ich ergriff die Initiative und sagte zu dem immer noch zu Stein erstarrten Michael: »Udo hat erfahren, dass du ein großer Fan von ihm bist! Dass du sein Lied ›Ich war noch niemals in New York‹ so liebst. Er wollte es sich nicht nehmen lassen, es nur für dich zu singen.« Darauf applaudierten unsere beiden blonden Modelle frenetisch und Michael versuchte, in leblosem Zustand ein kaum hörbares »Danke« herauszustottern. Alles ging ganz schnell, Udo gab Michael über den Pass die Hand, verabschiedete sich mit einer kurzen Massengeste vom Rest der Küche und ging zurück an seinen Tisch, im Schlepptau beide blonden Damen, um weiter zu feiern. Ich bedankte mich noch einmal artig.

Diese Aktion war von den anderen Gästen nicht unbemerkt geblieben. Man prostete Udo und mir zu, machte begeisterte Mienen und ich hoffte, dass keiner der Gäste auf die blöde Idee kommen würde, von Udo zu verlangen, jetzt bitte noch ein zweistündiges Live-Konzert für alle zu singen. Dies blieb glücklicherweise aus und der Abend lief wieder in geordneten Bahnen. Unser Küchenchef erschien etwas später an Udos Tisch, um ihn mit ein paar Leckereien zu überraschen und nochmal danke zu sagen. Er hatte inzwischen seine Sprache zurückerlangt, bemühte sich redlich, seiner Begeisterung Ausdruck zu verleihen, und ich hatte das Gefühl, mal wieder etwas Gutes vollbracht zu haben. Mein Küchenchef war überglücklich, Udo hatte bei seinen Begleiterinnen auf der Charme-Skala von eins bis zehn gerade die Marke elf überschritten, nicht zuletzt durch seine großzügige Geste für mein Küchenteam, und ich hatte zweihundert Euro weniger im Portmonee, den Einkaufspreis des Dom Perignon. Aber ich hatte wieder mal etwas ganz Besonderes erlebt.

Charity-Gala mit Sondersignal

Einmal im Jahr, zum Sommeranfang, veranstaltete ich eine Charity-Gala zu Gunsten hilfsbedürftiger Kinder und Jugendlicher der Stadt Berlin. Mit den Spendenerlösen dieser Abende wurden Einrichtungen wie die Arche in Marzahn, der Kinderzirkus »Cabuwazi« oder die Drogenauffangstation »Cleanpeace« im Vivantes Klinikum in Neukölln unterstützt. Auch die Herzoperation eines Kindes durch Professor Hetzer am Deutschen Herzzentrum konnte von den Spendenerlösen bezahlt werden. Auf diese Weise sind in sieben Jahren rund 150 000 Euro zusammengekommen. Der riesige Aufwand und die viele Arbeit, die wir mit der Ausrichtung dieser Veranstaltungen hatten, wurden damit wunderbar belohnt. Mir fehlte zwar jedes Mal Geld in der Kasse, da die Kosten die Einnahmen überstiegen, aber mein Gewissen war ein besseres als zuvor.

Ein bisschen habe ich wohl an Berliner Kindern in Not versucht etwas gutzumachen, was ich in der Vergangenheit bei meinen eigenen Kindern versäumt hatte. Als diese 13 und 15 Jahre alt waren, machte ich mich gerade selbstständig. Vorher war ich ständig unterwegs auf den Bühnen des Landes. Jetzt die zeitraubende Selbstständigkeit, da kamen die eigenen Kinder so manches Mal viel zu kurz. Leider! Dennoch ist aus beiden etwas Ordentliches geworden und ich bin sehr stolz auf meine Söhne! Es ist erschreckend, wie die Zeit vergeht. Ich bin auf der Zielgeraden zum alten Knacker oder Grufti, wie die jungen Leute heutzutage zu sagen pflegen, und meine zwei Stammhalter sind mit 33 und 35 Jahren schon mehr als flügge.

Aber zurück zu meiner Charity-Gala, der »Soiree de la Musique«, wie ich sie damals getauft hatte. Die erste hieß noch »Fête de la Musique«, aber als ein böses Fax der Veranstalter der Berliner Organisation »Fête de la Musique« aus der Maschine kroch, auf welchem Worte wie Anwalt und Rechte sowie das anstrengende Wort Schadenersatz zu lesen waren, ließ ich von diesem Titel kurzerhand ab und kreierte die »Soiree de la Musique«. Das klingt auch viel schöner und passt besser zu unserem Restaurant. Nichts gegen Kreuzberger Multi-Kulti, aber ich wollte mit meiner Veranstaltung die wohlhabenden Bewohner unserer Stadt erreichen, um von dem vielen, was sie besaßen, ein bisschen für die Kinder zu bekommen.

Schließlich sind rund 25000 Euro für einen Gala-Abend eine bemerkenswerte Ausbeute. Ich legte, wie schon erwähnt, selbst immer zwischen 10000 und 15000 Euro dazu und hätte es vermutlich einfacher gehabt, gleich eine große Privatspende zu tätigen, aber die Organisation und Vorbereitung einer solch gigantischen Veranstaltung war eine große Herausforderung. Außerdem brachte sie nicht nur uns Machern, sondern auch den rund 380 Gästen großen Spaß. Also Augen zu und durch.

Wenn ich heute daran zurückdenke, wird mir richtig schwummrig. Der Kostenaufwand für jede dieser sieben Galaveranstaltungen lag bei über 100000 Euro – wohlgemerkt, für jede. Heute wäre das nicht mehr umsetzbar. Es mussten aber auch damals schon Sponsoren gesucht und gefunden werden. Also gab es immer wieder Esseneinladungen im »Guy«, an deren Ende oft der Satz stand: »Haben Sie bitte Verständnis dafür, dass wir uns in diesem Jahr leider nicht beteiligen können.« Hätte man das nicht vorher sagen können?

Aber wir hatten natürlich auch Sponsoren, die treue Partner waren. Drei waren immer dabei, ohne jemals zu murren. Zwei davon sind die Mercedes-Benz-Niederlassung Berlin und die Weincompany, mein Weinhändler. Danke!

Tombolagewinne mussten organisiert werden, natürlich attraktiv und hochwertig, für 10 Euro pro Los sollten die Gäste auch richtig was gewinnen können. Als Eintreiberin für diese Preise fungierte Yvonne, meine Stellvertreterin, die sich nicht nur auf diesem Gebiet besondere Verdienste erworben hat.

Ich weiß nicht, wie dieses schlanke, zierliche Persönchen es geschafft hat, die Firmen so zu bezirzen, dass sie richtige Kostbarkeiten herausrückten. Am Ende hatte die Tombola fast immer einen Wert von fast 50 000 Euro. Der Hauptpreis war meistens eine Kreuzfahrt mit einem Luxusliner für zwei Personen im Wert von 15 000 Euro. Um diesen Preis kümmerte ich mich allerdings persönlich. Eine so hochkarätige Tombola hatten außer uns nur die AIDS-Gala und der Bundespresseball.

Ein Shuttle-Service mit Luxuslimousinen wurde eingerichtet unter dem Motto: »Damit Sie gut nach Hause kommen.« Die Automarke können Sie sich denken. Die Automobile waren alle schwarz lackiert und auf den Fahrzeugen stand: »Offizieller Fahrservice der ›Soiree de la Musique‹ im Restaurant Guy am Gendarmenmarkt«.

Das sah gut aus und war keine schlechte Werbung für uns.

Die Gäste konnten für einen guten Zweck Roulette und Black Jack spielen. Dabei griff uns die Spielbank Berlin mit einem originalen Roulette- und Black-Jack-Tisch und den dazugehörigen Croupiers unter die Arme. Eine willkommene Gelegenheit, den Leuten ihr Geld für einen wirklich guten Zweck aus der Tasche zu ziehen.

Es gab eine Versteigerung von persönlichen Dingen aus dem Hause prominenter Zeitgenossen und die Gäste wurden vom frechen Auktionator Hartmut Guy um so manches Scheinchen erleichtert. Alles kam natürlich in den großen Spendentopf und wurde immer von einem Notar überwacht.

Auch unser Show-Programm hatte wirklich Klasse. Der Friedrichstadtpalast sorgte jedes Jahr für großartige Stars und alle Künstler traten ohne Gage auf. Hierbei hat uns mein viel zu früh verstorbener enger Freund Sascha Iljinski als damaliger Intendant uneigennützig und aufopferungsvoll unterstützt.

Zusätzlich konnte ich aufgrund meiner vielen Bekanntschaften auf einen großen Pool von Sängern und Musikern zurückgreifen. Viele kamen immer gern und waren mit einer köstlichen Gage aus der Küche und dem dazugehörigen Glas Wein für ihren Auftritt vollkommen zufrieden. Karikaturisten porträtierten die Gäste. Überall passierte etwas: Hier ein Zauberkünstler, da ein Musettespieler und dann unsere legendäre Küchenparty. Tagelang wurde die Küche gewienert. Nicht, dass Sie denken, das sei sonst in unserer Küche nicht üblich! Aber für diesen Anlass wurde sie in den sterilen Zustand einer Intensivstation versetzt.

Wenn um 21 Uhr die rund 380 Gäste in die Küche drängten, hatte das etwas von der Tokioter U-Bahn. Es fehlten nur noch die Pusher – so nennt man in Japan die Herren mit den weißen Handschuhen, welche die Menschen in die völlig überfüllte Bahn quetschen.

In der Küche war die ganze Pracht unserer Koch-Herrlichkeit ausgebreitet. Man konnte sich an einem riesigen Buffet laben, auf welchem nichts fehlte, und dabei zusehen, wie die Kochbrigade am Nachschub bastelte. Ein Erlebnis, aber auch ein unglaublicher Aufwand. Zu dieser Attraktion wurde eine eigene Licht-Sinfonie für die Küche komponiert.

Übrigens, die Technik war das Aufwändigste bei der ganzen Sache. Zwei ganze Tage wurden Bühnen gebaut, Licht eingerichtet, Mischpulte verkabelt, der Sound gecheckt, indirekte Beleuchtung in allen möglichen Farben angebracht, Überdachungen aufgestellt und so weiter und so weiter. An dieser Stelle muss ich den dritten treuen Sponsor nennen, der das alles jedes Jahr ohne Rechnung für uns und den guten Zweck auf sich nahm, die Firma ARTECOM. Sie verantwortet auch jedes Jahr die Schlössernacht in Potsdam-Sanssouci. Meine Hochachtung!

Sie merken schon, was wir da auf die Beine gestellt haben, war nicht gekleckert, sondern geklotzt. Außerdem gab es noch einen herausragenden Unterschied zu allen anderen Gala-Abenden in Berlin. Champagner satt! Sie haben richtig gelesen, Champagner bis zum Abwinken, was einige der Gäste leider allzu wörtlich nahmen. Hundert Flaschen bekam ich gesponsert, mehr als 400 Flaschen wurden an einem solchen Abend getrunken.

Ich war auf diesen Galas immer in meinem Element,

denn ich war der Gastgeber, der Moderator des Abends und der Initiator. Ich begrüßte alle 380 Gäste draußen auf dem roten Teppich persönlich, führte bis Mitternacht durch das Programm und erlaubte mir dann auch selbst mitzufeiern. Schließlich hatte ich den Champagner bezahlt. Um fünf Uhr waren endlich alle gegangen und das Restaurant nicht mehr das gleiche wie vor Beginn. Es erinnerte eher an ein mittelalterliches Schlachtfeld nach dem gewonnenen Kampf, aber in unserem Fall hatten beide Seiten verloren. Die Gäste waren erschöpft oder sternhagelvoll. Wir waren erledigt, abgekämpft und hatten 200 Flaschen Champagner mehr ausgeschenkt, als durch den Kartenpreis bezahlt waren. Nur die Kinder, die unsere Spende bekamen, hatten gewonnen. So sollte es auch sein.

Natürlich ist an solchen Abenden auch manches schief gegangen oder etwas Unvorhergesehenes passiert. Da fallen mir so einige Eskapaden ein. Ein Gast schickte mir zwei Tage später einen Brief, in dem er sich beschwerte, dass um fünf Uhr kein Limousinenservice mehr zur Verfügung stand – die Veranstaltung ging offiziell nur bis vier Uhr. Er hätte sich ein Taxi nach Königs Wusterhausen nehmen müssen und forderte mich nun auf, die beiliegende Rechnung per Überweisung auf sein Konto zu begleichen. Ich erinnerte mich noch deutlich an diesen Gast. Er hatte sich einen Champagner-Vollrausch vom Allerfeinsten zugelegt und litt unter akuten Sprachstörungen. Ich frage mich heute noch, wie er dem Taxifahrer überhaupt seine Adresse verständlich machen konnte. Das Delikate an dieser Geschichte ist: Er war von einem Sponsor eingeladen worden und hatte keinen

Cent für den Abend berappen müssen. Eine Spende für die Kinder hatte er auch nicht beigesteuert. Sein Brief samt Rechnung landete dort, wo er hingehört: Im Papierkorb!

Zur Soiree benötigte ich bis zu 25 Mann zusätzliches Personal. Die kaufte ich bei meiner Dienstleistungs-Verleihfirma dazu. Diese Firma wusste um die Qualität meines Hauses und sorgte in der Regel für handverlesenes Kellnerpotenzial. Einer, der nicht in diesen Kreis gehörte, muss ihnen durchgerutscht sein. Ich wollte gerade mit einem Hauptsponsor anstoßen, als ein Kellner schnellen Schritts an unserem Stehtisch vorbeilief. Ich bekam ihn im letzten Moment liebevoll am Unterarm zu fassen und sprach ihn an. »Bitte bringen Sie uns doch zwei Gläser Champagner.« Nun machte er eine ungeschickt wirkende Kehrtwende und sah mir in die Augen. Ich erkannte sofort seinen verschwommenen Blick und die fortgeschrittene Gesichtslähmung. Und nun stammelte er: »Siiie begommen hiieer jar nichts meeehr und Siiie geehen jeez sofort nach Haauuse«. Er war vollkommen betrunken. In solchen Momenten stelle ich mir die Frage: »Warum tust du dir das alles an?« Viel Zeit für eine Antwort bleibt in solchen Fällen aber nicht. Ich ergriff ihn und bugsierte ihn so kraftvoll wie nötig, aber so brutal wie vor den Gästen möglich in den angrenzenden Innenhof, wo unsere Außentresenanlage aufgebaut war. Dort schrie ich ihn an: »Wer jetzt nach Hause geht, sind Sie, und zwar sofort!« Beinahe hätte ich ihm noch zwei saftige Ohrfeigen mit auf den Weg gegeben, aber sein Zustand war so bemitleidenswert, dass ich von ihm abließ. Für den Anruf bei meinem Personalvermittler am nächsten Tag hätte ich den Grimme-Preis verdient. Der arme Kerl. Aber die Verantwortung kann ich ihm nun mal nicht abnehmen.

Das katastrophalste Geschehnis bei einer Veranstaltung in meinem Hause passierte bei der dritten Spendengala. Wir hatten zum großen Finale mit allen Künstlern auf der Bühne auch immer ein Innenhof-Feuerwerk. Unser Hofrestaurant bietet mit den acht großen, roten Rundbögen ja auch eine spektakuläre Kulisse dafür. Ein Höhenfeuerwerk war aus Sicherheitsgründen nicht möglich. Also machte uns ein Pyrotechniker vom Fernsehen ein gigantisches bengalisches Feuer.

Stellen Sie sich vor: Zur Wahnsinnsstimme des Tenors Erkan Aki aus der Schweiz brennt ein bengalisches Feuer in ständig wechselnden Farbnuancen. Das erzeugt Gänsehaut pur bei allen Gästen. Diesmal aber hatte einer der Büroangestellten in der vierten Etage ein Fenster offen stehen lassen. Der Qualm zog in dieses Fenster, der Rauchmelder schlug an und ein ohrenbetäubender Lärm durchkreuzte meine Pläne für ein herzzerreißendes Finale. Durch den ausgelösten Alarm verstand man sein eigenes Wort nicht mehr. Der grelle, pfeifende und irrsinnig laute Intervall schmerzte im Trommelfell. Alle hielten sich auf der Stelle die Ohren zu und ich wollte mir das Leben nehmen. Natürlich nicht wirklich. Aber was tut man in so einem Moment? Ich bin ein eher spontaner Mensch, aber in solchen Situationen übermannt mich kurzzeitig die Hilflosigkeit. Du musst sofort den Alarm abstellen, dachte ich. Ich wusste, es gibt eine Brandmeldezentrale für das gesamte Objekt im Durchgang zwischen Straße und Innenhof. Ich peste los und stand vor einer verschlossenen Glastür. Dahinter blinkten kleine Lämpchen um die Wette. In diesem Augenblick drangen zusätzlich noch anders tönende Klänge an mein Ohr. Sie ahnen, was kommt: Es war die Feuerwehr.

Damit hatte ich schon Erfahrung – der Großbrand in Freudenberg. Ich schoss auf die Straße und stand vor fünf riesigen Löschzügen der Berliner Berufsfeuerwehr. Geschätzte 25 Männer in voller Kampfmontur mit Helm stürmten in meinen Innenhof. Ich dachte, alles ist aus. Wäre da nicht dieser mörderische Alarm gewesen, man hätte denken können, da hat der Guy sich ja mal wieder richtig was einfallen lassen. Der Chef oder Brandmeister kam auf mich zu und fragte, ob ich wisse, wo genau der Brandherd sei. Ich teilte ihm aufgeregt mit, dass es keinen Brand gebe, sondern nur ein bengalisches Feuer, und dass der Qualm lediglich einen Rauchmelder in Gang gesetzt habe. Ganz ruhig und souverän teilte er mir mit, dass er sich davon selbst überzeugen müsse. »Bitte«, wurde ich laut, »aber schalten Sie zuerst den Alarm ab. Da drin sind fast 400 Gäste, die viel Geld für diesen Abend bezahlt haben. Wenn nicht augenblicklich wieder Stille herrscht, sind alle weg und ich habe den größten Misserfolg meines Lebens«, versuchte ich ihm auf die Schnelle klarzumachen. Er, etwa 1,95 Meter groß, beide Hände in den Hosentaschen vergraben, stand da und sagte abermals fast unbeteiligt: »Erst muss ich die genaue Ursache kennen.«

Mir brannten die Lampen durch und ich schrie aus voller Brust: »Wollen Sie mich ruinieren? Nehmen Sie sofort die Hände aus den Taschen und schalten Sie den verdammten Alarm aus, sonst klettere ich an Ihnen hoch!« Sein Gesichtsausdruck veränderte sich, er gab eine kurze Anweisung und ein Vorschlaghammer erschien auf der Bildfläche. Mit diesem zerschmetterte er wortlos die Glastür der Brandmeldeanlage. Stille. Erholsame Ruhe! Wenige Minuten später fand die Feuerwehr meine Aussagen zu dem Rauchmelder bestätigt und die Flotte in Rot rückte ab. Eine Rechnung für den Feuerwehreinsatz bekam ich nicht. Dafür eine von meinem Vermieter, für die Glastür. Die Party wurde doch noch ein riesiger Erfolg. Und am nächsten Tag war in der Zeitung zu lesen: »Charity-Gala im Guy mit Shuttle-Service von Mercedes und der Berliner Feuerwehr.«

Landung nach 30 Jahren

Ich war 23 Jahre alt, als der erste Deutsche ins All flog. Der erste Deutsche war ein DDR-Bürger und hieß Sigmund Jähn. Der Partei- und Staatsführung der DDR war es unendlich wichtig, immer und immer wieder zu tönen: Der erste Deutsche im All – ein DDR-Bürger. Der Rummel, der nach der Rückkehr aus Baikonur um Sigmund Jähn und seinen Kommandanten Waleri Bykowski gemacht wurde, sprengte alle bis dahin gekannten Dimensionen: In jeder Zeitung die Hälfte aller Seiten. Fernseh-Sondersendungen am laufenden Band. Die Propaganda überschlug sich. Nicht, dass ich die Leistungen der Kosmonauten schmälern will, aber man hätte glauben können, sie seien bei ihrem fünftägigen Flug ins All nebenbei auf dem Mond gelandet, nach rechts durch die Milchstraße abgebogen, auf dem Saturn kurz zwischengelandet, um dort nachzutanken und dann bei einem Planeten-Hopping festzustellen, dass auf dem Mars und der Venus menschenartige Wesen lebten, welche nach Inaugenscheinnahme offensichtlich sozialistisch geprägt waren. Man habe schnell ein paar Parteiseminare und Versammlungen abgehalten und sich nach dem Hissen der Fahnen der Deutschen Demokratischen Republik und der Sowjetunion zufrieden auf den Heimweg gemacht, nicht ohne Grußadressen der Generalsekretäre beider Bruderparteien zurückzulassen, welche davon kündeten, dass der Sieg des Sozialismus im Weltall nicht mehr aufzuhalten sei. Zum Schluss stellte man noch fest, dass die Mehrzahl aller Trabanten des Sonnensystems sozialistisch sei.

Selbst Sigmund Jähn, der übrigens ein sehr bescheidener Mensch ist, hatte mit diesem unglaublichen Rummel nicht gerechnet. Man sieht ihm das heute bei Archivbildern förmlich an. Er hatte meines Wissens sogar manchmal Überdruss. Viele DDR-Bürger waren aber trotzdem stolz auf ihren Raumfahrterfolg. Warum auch nicht? 1978 flog man schließlich nicht alle Tage ins Weltall und dass aus der kleinen DDR einer mit durfte, war schon etwas Besonderes. Bei der Schnelllebigkeit unserer Zeit rückten dann aber neue herausragende Leistungen der DDR-Bürger in unser Blickfeld. Die wohl herausragendste überhaupt war elf Jahre danach der Sturm auf die Mauer. Friedlich und absolut selbstentschieden kippten die Menschen das Ding um. Den Westdeutschen genau vor die Füße. Und seitdem sind sie aus dem Leben der gesamten Republik nicht mehr wegzudenken. Das ist auch gut so.

Nach Mondlandung, Space Shuttle und ISS ist es inzwischen um die Raumfahrt etwas ruhiger geworden. Lehman Brothers und ähnliche Überflieger machen jetzt die Schlagzeilen. Anstatt im Weltraum weiter zu forschen, fotografiert man über Google lieber unsere Hausfassaden. Doch fast dreißig Jahre nach dem ersten Deutschen im All wurde ich auf das damalige Erlebnis wieder aufmerksam. Im Fernsehen liefen Dokumentationen über Kosmonauten und Astronauten – auch im All mussten schließlich die Unterschiede deutlich werden! Der Wessi hieß Astronaut, der Ossi Kosmonaut. So war das damals, um die Abgrenzung ganz konkret zu machen. Oben in der Raumstation MIR haben sich Amis und Russen wunderbar und viel besser als auf der Erde verstanden. Ob das wohl an der Luft da oben liegt? Ach ja – da herrscht ja Schwerelosigkeit! Dann muss es das sein. Ich schaute aus Interesse viele dieser Sendungen und Erinnerungen an dieses Ereignis vor dreißig Jahren kamen zurück. Aber keine Sorge, ich bin kein Nostalgiker.

Eines Tages bekam ich einen Anruf aus dem Büro des Präsidenten des Berliner Abgeordnetenhauses, Walter Momper – übrigens mittlerweile ein sehr guter Freund. Er teilte mir mit, dass er ein Essen mit 30 Personen in meinem Restaurant plane. Der Anlass seien die 30 Jahre Raumflug von Sigmund Jähn. »Und dieses Essen machst du«, sagte er. Ich musste natürlich schmunzeln. Vor dreißig Jahren haben wir ihn bestaunen müssen, auf Demos und auf riesigen Meetings und ständig im Fernsehen. Jetzt muss er zu mir kommen, um bei mir zu speisen. Ich werde ihn gebührend verwöhnen, unseren Sigmund. Und glauben Sie mir, es machte mich wirklich ein bisschen stolz.

Dann kam der Tag heran. Bei bestem Sommerwetter stand in unserem schönen Innenhof alles bereit und neben der großen Tafel waren auch viele Plätze à la carte besetzt. Walter und die anderen Offiziellen traten ein, man plauschte, nippte am Glas – und dann kam er. Er stand ganz normal da, eigentlich sah er genauso aus wie damals, nur dreißig Jahre älter und ohne die lästige Uniform. Er kam mit seiner Ehefrau, im schlichten Anzug, äußerst bescheiden und zurückhaltend, richtig sympathisch. Nach einiger Zeit ließen sich alle nieder und das Essen wurde serviert, vier Gänge sollten es sein für so einen Anlass. Natürlich diesmal nicht aus irgendwelchen Tuben wie da oben, diesmal nahmen wir feines Porzellan. Es gab eine Tischrede von Walter und Dankesworte von Sigmund Jähn. Wieder hatte ich den Eindruck, dass ihm selbst heute jede Art von Lobeshymnen eigentlich suspekt ist.

Was nun geschah, war eine besondere Form der Wiedervereinigung. Etwa vierzig Prozent der à la carte-Gäste waren aus den neuen Bundesländern. Als der erste Gast aus der ehemaligen DDR seinen Volkshelden erkannte, fragte er mich, ob er seine Mundserviette aus weißem Stoff käuflich erwerben könne. Ich fragte verdattert, warum er das denn wolle. Er möchte ein Autogramm von Sigmund Jähn auf dieser Serviette, meinte der Herr. Irgendwie konnte ich das verstehen, und diese eine Serviette konnte ich schon verschmerzen. Wohlgemerkt, diese eine. Aber wieder mal kam alles anders. Innerhalb weniger Minuten standen etwa 25 Gäste am Tisch des Raumfahrers Schlange, um sich ein Autogramm zu holen. Das kannten wir damals als sozialistische Wartegemeinschaft. Ein wenig überfordert, aber dennoch bereitwillig gab er jedem seine Unterschrift, vielen sogar mit persönlich begleitenden Worten. Als ich genauer hinsah, bemerkte ich: Alle gingen mit ihrer Mundserviette an den Tisch! Ich konnte es kaum glauben, 25 Servietten – einfach weg! So ein Ding kostet bestimmt vier Euro! Na, prima!

Aber es sollte noch schlimmer kommen. Einer der sitzengebliebenen Gäste, also offensichtlich ein Westberliner oder einer aus Paderborn, München, Sylt oder Umgebung, fragte mich neugierig, was an dem Tisch da dauernd los wäre. Ich gab ihm bereitwillig Auskunft. In

Windeseile machte die Geschichte die Runde. Nun standen weitere 30 Leute bei Sigmund an. Wieder mit meinen Servietten. Na schön, dachte ich, mein besonderer Beitrag zur Wiedervereinigung. Und wer hat's mal wieder bezahlt? Die Ossis! Ich sollte mit meiner Wäschefirma über ein Sponsoring sprechen. Wenn die das übernehmen, hat alles wieder seine Ordnung. Und am Schluss haben dann doch wieder die Wessis bezahlt. Mein Gott, ist der sarkastisch, werden Sie denken. Nein, glauben Sie mir, das war jetzt wirklich nur Spaß.

Nun ergriff ich mein wunderschönes großes Gästebuch mit den vielen großen Namen darin und ging zu Sigmund Jähn mit der Bitte um einen Eintrag. Walter hatte ihm inzwischen erzählt, dass ich eigentlich Schauspieler sei, aber jetzt dieses exzellente Restaurant habe und überhaupt schon viele verrückte Dinge im Leben ausprobiert hätte und sehr umtriebig sei. Prompt schrieb Sigmund Jähn einen langen Text in mein Buch im Tenor, welche Hochachtung er vor meiner Lebensleistung hätte. Ich fiel fast vom Glauben ab. Heute ging es doch um ihn, um den großen Raumfahrer von damals! Um Sigmund Jähn, den ersten Deutschen im All – und nicht um mich und meine kleine poplige Person! Er hatte doch diese Ehrung verdient. Nun machte er mir in mein Buch ein Kompliment für mein aufgewühltes Leben. Ein außergewöhnlich bescheidener Mensch, stellte ich etwas beschämt fest. Manche wollen hoch hinaus, stürzen ab, aber kommen nie runter. Er war ganz oben – und ist doch immer unten geblieben.

Freundschaft auf Umwegen

Ich würde mich zwar nie mehr einer Partei anschließen, aber natürlich habe ich eine politische Meinung und nehme aktiv am gesellschaftlichen Leben teil. Viele Berufspolitiker sind in meinem Restaurant zu Gast und ich zögere keinen Moment, mit ihnen tagespolitische Themen zu diskutieren und meinen eigenen politischen Standpunkt dabei vehement zu vertreten. Da sterbe ich nicht an Herzdrücken. Selbst wenn man nicht immer auf der gleichen Welle schwimmt, ist es durchaus möglich, dass man sich bei solchen Gesprächen menschlich näher kommt und ganz privat, fern jeder wahlkampftaktischen Parole, einen Draht zueinander findet. So können sogar Freundschaften entstehen und wachsen. Manchmal führen aber auch witzige oder unvorhersehbare Umstände dazu, dass man sich privat miteinander einlässt, wie es mir zum Beispiel mit Walter Momper erging, dem ehemaligen Regierenden Bürgermeister von Berlin. Der mit dem roten Schal. Übrigens der Wendebürgermeister. Dieser Umstand bringt ihm heute noch neidvolle Blicke mancher Parlamentarier ein. Einer davon ist mit Sicherheit sein Vorgänger bzw. Nachfolger. Übrigens in beiden Fällen der gleiche. Jedenfalls, besagter Walter Momper, er war gerade nicht mehr regierender Bürgermeister, erschien eines Tages mit seiner Frau Anne auf dem Gauklerfest am Opernpalais. Ich wagte gerade meinen ersten und zugleich letzten Versuch, mich auf solchen Volksfesten gastronomisch zu bestätigen. Es war sehr spät und unsere Küche ausgeräubert. Gerade noch zwei Portionen Kartoffelsuppe mit Havelländer Krebsschwänzen waren im Topf. Genau diese beiden schnappte sich das Ehepaar Momper und kam nach dem Verzehr aus dem Schwärmen nicht mehr heraus. Daraus entstand ein sehr nettes und anregendes Gespräch, an dessen Ende das Ergebnis feststand: Wir besuchen Sie in Freudenberg, im »Gasthaus Am Weiher«. Na, wunderbar! Neue Gäste gewonnen, das war ja das erklärte Ziel der Übung. Dazu kam es jedoch nicht, jedenfalls nicht im alten Gasthaus. Dieser Besuch ließ noch fast sieben Jahre auf sich warten. Walter verfuhr sich zwei Mal und beim dritten Mal war der Stau so endlos, dass er sich entschied umzukehren. Dann kam der verheerende Brand und das Gasthaus, welches Walter Momper unbedingt besuchen wollte, stand nicht mehr. Aber er erfuhr aus der Presse, dass eine Charity-Gala zugunsten des Wiederaufbaus des »Gasthauses Am Weiher« stattfinden würde. Vierzig namhafte Künstler, die meisten davon waren in Freudenberg aufgetreten, telefonierten sich zusammen und beschlossen: Das Restauranttheater der Guys muss wieder auferstehen. Dafür werden wir einen großen Gala-Abend veranstalten, um Geld zu sammeln. Mein alter Freund Schubi nahm die Koordination in die Hand und es versprach ein bewegender und vor allem für diesen Anlass einmaliger Abend in Deutschland zu werden. Da wollten auch die Mompers nicht fehlen. Sie kauften zwei Karten für je einhundert Mark und kamen am 7. Oktober 1996 ins Opernpalais Unter den Linden. Walter erzählte mir später, sie waren beide von diesem Abend begeistert und angerührt. Was ihn aber wunderte: Er kannte bis auf die Künstler keinen einzigen Menschen. Er, der sozusagen zum Berliner Inventar gehörte, kannte von über 750 Gästen keinen einzigen. Alle Gäste waren treue Besucher in Freudenberg gewesen und alle kamen, um uns Mut zu machen und Geld zu spenden. Seit diesem Abend bin ich mit der Familie Momper befreundet und Walter war am Tag, als ich meine große Liebe Kerstin heiratete, mein Trauzeuge.

Intermezzo III

Auch Gastronomen laden sich gern mal Gäste ein. Obwohl ich in meinem Restaurant nicht in der Küche stehe, koche ich für mein Leben gern. Wenn ich privat Gäste einlade, stehe ich zu Hause mit Schürze und Kochlöffel bewaffnet am Herd und verwöhne liebevoll den Besuch. In einer solchen Situation klingelte eines Tages das Telefon, als ich gerade das Rinderfilet anbraten wollte. An der Nummer auf dem Display erkannte ich sofort: Es ist mein Laden. Immer, wenn mein Restaurant anruft, ist in der Regel etwas Unangenehmes geschehen oder ein besonders wichtiger Gast verlangt nach mir. Aber selbst ich habe das Recht, auch mal frei zu haben. In diesem Fall war meine Restaurantleiterin Stefanie am Apparat und sagte: »Chef, ist es Ihnen möglich, schnell ins Haus zu kommen?« – »Ich habe Gäste und koche gerade, was ist denn passiert?« – »Na, Carl ist gerade eingetroffen«, säuselte sie ins Telefon. »Welcher Carl«, fragte ich irritiert. »König Carl Gustav von Schweden mit Königin Silvia.«

In diesem Moment verbrannte ich mir die Finger am heißen Öl und konnte nicht unterscheiden, ob die Verbrennung oder der erwähnte König meinen Schreck hervorrief. »Wer ist da?«, fragte ich noch einmal, als hätte ich mich verhört. »Die schwedische Königsfamilie«, wiederholte Stefanie. Im folgenden Gespräch stellte sich heraus, dass der König und seine Frau gerade ihre Tochter, Prinzessin Victoria, besuchten, die ein Praktikum in Berlin absolvierte. Beide waren also privat in Berlin, sozusagen inkognito, soweit das für ein Königspaar überhaupt möglich war. »Ich bin schon unterwegs«, sagte ich und legte auf. Sofort übergab ich meiner Frau den Kochlöffel und die Verantwortung für den Herd, ging mich blitzschnell umziehen und entschuldigte mich bei meinen Gästen dafür, sie für gut eine halbe Stunde allein lassen zu müssen. Wann hat man schon mal die Möglichkeit, einem Monarchen die Hand zu schütteln?

Wenig später war ich im Restaurant und machte dem hohen Besuch meine Aufwartung. Der König nebst Königin saß mit dem schwedischen Botschafter und drei weiteren Begleitern an einem separaten Tisch und man war gerade mit den Hauptgang fertig. Victoria, die ja Anlass für seine Visite sein sollte, war leider nicht in der Runde. König Carl Gustaf war eindeutig der lustigste in der Gruppe. Ob dies am deutschen Riesling lag, welchen er mit großem Genuss trank, oder an meinem Kurzauftritt, konnte ich nicht genau auseinander halten. Wären meine Schwedischkenntnisse besser, hätte ich sicherlich die eine oder andere Anekdote mit Seiner Majestät ausgetauscht. Aber zu Hause wartete mein Herd auf mich und so war ich bald wieder auf dem Weg zu meiner Wohnung. Dort war das von meiner Frau beaufsichtigte Essen fertig und ich konnte eine brandneue Geschichte von meiner Privataudienz beim schwedischen König erzählen. Wären die Enthüllungen von heute bei seinem Besuch von damals schon bekannt gewesen, hätte ich eine derart ausgelassene Stimmung wahrscheinlich nicht vorgefunden. Oder vielleicht doch?

Wegbeschreibung zum Thema Restaurantkritiker

Restaurantkritiker ist ein Beruf wie jeder andere, wie zum Beispiel Rohrleger, Zahnarzt oder Tierpfleger. Oder? Für die drei letztgenannten Berufe benötigt man natürlich eine Ausbildung. Als Kritiker braucht man nur eine Bildung. Bleibt zu hoffen, dass es sich nicht nur um eine Einbildung handelt.

Unerhört, höre ich jetzt den einen oder anderen Hauben-, Sterne- oder Punkte-Verteiler aufjaulen. Nur die Ruhe, meine Damen und Herren der bewertenden Zunft, Ihre Ausdrucksweise in so mancher Ihrer Kritiken ist auch nicht immer fein. Und wie war das noch mal: Wer austeilt, muss auch einstecken können.

Aber vertragen wir uns wieder und Schwamm drüber. Vor allem will ich mich davor hüten, alle über einen Kamm zu scheren. Denn die Mehrzahl der ausschwärmenden Restaurantbewerter ist seriös und versteht ihr Handwerk bzw. Mundwerk. Ich jedenfalls habe mir die über mich veröffentlichten Kritiken fast immer zu Herzen genommen und sie als das gesehen, als was sie überwiegend gemeint waren: Eine Hilfestellung zum Bessermachen.

Aber auch die Kritikerbranche bleibt von Abweichlern nicht verschont, den so genannten schwarzen Schafen. Wenn einem ein solches Wesen unaufgefordert ins Restaurant spaziert, ist guter Rat teuer.

Oh, höre ich mich da etwa schon wieder eine Zweideutigkeit sagen?

Ich meine natürlich: Man ist als Gastronom der Subjektivität, ja sogar der Tageslaune des Bewertenden hilflos ausgeliefert. Das führte in der Vergangenheit sogar schon zu Todesfällen. So hat sich ein berühmter Koch aus dem Mutterland der Küche, Frankreich, erschossen, weil man ihm in einem Restaurantführer zwei lächerliche Punkte weniger als im Jahr zuvor verlieh. Hierzulande hätte sich auch schon so mancher Wirt nach einer öffentlichen Hinrichtung durch einen bekannten Kritiker in der Tageszeitung gern einer entstellenden Gesichtsoperation unterzogen. Vollkommen unnötig! Ich habe gelernt: Das Leben geht weiter!

Als ich vor elf Jahren nach der Rückkehr von einer Weinreise aus Südfrankreich auf dem Flughafen Tegel die Zeitung aufschlug und mich eine vernichtende Kritik aus den Latschen kippte, deren Überschrift meinen Namen trug, dachte ich: Das ist dein Ende! Morgen ist dein Laden zu und deine Familie mittellos. Heute weiß ich, auch mittellos kann man glücklich sein.

Was übrigens komisch ist: Vor zehn, zwölf Jahren sorgte eine positive Kritik in der Presse für eine wochenlange Invasion von Menschen in der Gaststube. Dabei führte nicht selten der positive Anstoß des Kritikers zum Knockout des Gastronomen durch akute Überforderung. Heute hingegen steigt der Monatsumsatz selbst nach der ultimativen Lobhudelei eines bekannten Kritikers um maximal 7,13 Euro. Umgekehrt ist es nicht anders. Aber diese Ernüchterung hat nicht die Aufforderung zur Abschaffung der genannten Berufsgruppe zur Folge. Außerdem:

Wie soll man etwas abschaffen, was sich selbst ernannt hat? Also: Nicht den Humor verlieren!

Deshalb habe ich auf den folgenden Seiten in der Art der Gebrüder Grimm und der Herren Ringelnatz und Busch versucht, mich dem Thema satirisch zu nähern. Aber Achtung! Auch meine Meinung ist natürlich subjektiv.

Nur ein Märchen

Es war einmal ein schöner Jüngling, der hieß Heinzelmann. Nicht, dass man ihn mit den bekannten Heinzelmännchen, welche alles ganz heimlich und unbemerkt erledigen, verwechselt. Er tat nichts im Hintergrund, nein. Er sorgte stets dafür, dass jeder ihn kannte und alle ihm huldigten. Er mochte den großen Auftritt und scheute nie die Öffentlichkeit. Was er von Beruf war, wusste niemand so ganz genau. Es genügte, dass man ihn für wichtig hielt. Er selbst hielt sich gar für berufen. Die Weisheit war ihm in die Wiege gelegt worden und dass nur seine Meinung zählte, war selbstverständlich. Aus großer Liebe vor allem zu sich selbst zog er alsbald in die weite Welt hinaus, um Gutes zu tun und noch Besseres zu empfangen.

Er fühlte sich dazu auserwählt, alles zu bewerten und jedem zu sagen, was er besser machen könne. Die Fehler der anderen zu entdecken, war schon immer seine große Leidenschaft. So kam er nach tagelanger Wanderung in das Nachbarkönigreich. Kaum hatte er das riesige Stadttor durchschritten, rief er den Wachen zu: »He, ihr da! Was steht ihr so sinnlos herum und haltet Maulaffen feil? Geht zu eurem Herrn König und meldet ihm, dass ich soeben gekommen bin, um seinen Ruhm zu mehren und in die Welt zu tragen.« Alsbald taten die Wachen, wie ihnen geheißen. Sie berichteten die überraschende Ankunft des Jünglings ihrem König und sagten ihm, was sein Begehr sei. Der König vernahm, dass ein Fremder in sein Reich gekommen war, um seinen Ruhm in die Weite zu tragen, und empfing ihn sogleich. Der Jüngling verneigte sich kurz und sprach: »Herr König, ich bin gekommen, um von euren feinsten Speisen zu essen, von euren süffigsten Weinen zu trinken und beim Nachtlager auf den weichsten Kissen zu liegen.« Der König strich sich über seinen Bart und fragte: »Warum soll ich euch derart üppig bewirten, Jüngling Heinzelmann? Was gebt ihr mir dafür?« Ein leises Lächeln huschte über das Gesicht des Jünglings. »Wenn es denn nötig ist, werde ich euch einen Beutel Dukaten dafür hier lassen, aber bedenkt, wenn eure Speisen mich laben, euer Wein wunderbar berauscht und mein Nachtlager mich erquickt, werde ich am Morgen eine kupferne Krone an eure Stadtmauer schmieden lassen, so dass jeder Fremde, der euer Reich besucht, schon an der Pforte sieht, wie auserlesen ihr eure Gäste bewirtet. Alle werden von euren vortrefflichen Speisen und Weinen schwärmen und alsbald werden viele tausend Dukaten eure Schatztruhe füllen.« Als der König dies hörte, schickte er sofort nach den Dienern und Mägden und ließ vom Allerfeinsten auftafeln. Jüngling Heinzelmann aß und aß und trank und trank und sank nach Stunden müde und satt in des Königs weichste Kissen.

Am anderen Morgen fragte er den König, wie viele Dukaten er denn zu bezahlen hätte. Doch der König war weise und sagte: »Es war mir eine Ehre, euch bewirten zu dürfen, und es gibt nichts, was zu bezahlen wäre.« Der Jüngling tat sehr verwundert und fragte, wie er diese Einladung wieder gutmachen könne. Darauf antwortete der König: »Euch fällt bestimmt etwas ein.« So zog der Jüngling von dannen und ließ an die Stadtmauer sogar zwei kupferne Kronen schmieden, welche gar sehr in der Sonne glänzten. So zog der Jüngling von Königreich zu Königreich. Immer begab es sich so wie im ersten. Er tafelte beim König und ließ je nach Verzehr am anderen Tag eine oder auch zwei Kronen aus Kupfer an der Stadtmauer zurück. Die Könige untereinander erzählten von Heinzelmann und ein jeder König war darauf bedacht, die Kronen auch an seiner Mauer prangen zu sehen. Der eine oder andere König gab dem Jüngling sogar Wein und Speisen mit auf die Reise. So ein König bekam dann manchmal auch drei Kronen geschmiedet.

Es trug sich zu, dass Heinzelmann eines Tages an das Tor eines kleinen und nicht sehr reichen Königreiches klopfte. Der König hatte von Heinzelmann schon gehört, konnte es sich aber nicht leisten, diesen Jüngling einzuladen und zu beschenken. Aber auch er wollte wenigstens ein Krönchen haben. So bot auch er das Beste auf, was die Frau Königin selbst zubereitet hatte. Das zarteste Fleisch, das man je aß. Selbst gekelterten Wein, der mit Liebe vom Großvater gemacht, und den besten Pflaumenkuchen, den Mutter Königin je gebacken hatte. Heinzelmann sah aber keine Diener und keine Lakaien und die Serviettenringe waren nicht aus purem Gold, das Tischtuch nicht aus Seide. Auch die Kissen zur Nacht waren nicht mit Hermelin bezogen, aber sauber und mit weichem Stroh gefüllt. Auch brachte ihn keine Sänfte zum Nachtlager wie in den anderen Königreichen. Heinzelmann war enttäuscht. Als am nächsten Tag sogar noch zwölf Dukaten zu berappen waren, ging er von dannen und ließ dieses Mal drei eiserne Tränen statt der Kronen an die Stadtmauer schmieden. So ward jeder Besucher vor diesem Königreich und seiner Gastfreundschaft gewarnt.

Unser Jüngling zog weiter von Reich zu Reich und bewertete, was man ihm vorsetzte. Die Könige wollten aber irgendwann herausfinden, wer denn der beste unter ihnen sei, und so trafen sich alle zu einem Wettbewerb der Königreiche. Jeder ließ einen zinnernen Teller von seinem Besten in abgelegenen Gemächern zubereiten. So auch unser armer König mit den Tränen an der Stadtmauer. Als alle Teller gerichtet waren, wurden sie auf eine lange Tafel gestellt und Heinzelmann musste, ohne zu wissen, von wem welcher Teller war, entscheiden, welche Speise ihm am besten mundete. Nachdem er von allen gekostet hatte, stand für ihn eindeutig fest: Teller Nummer 7 hat als einziger drei Kronen verdient. Strahlend verkündete er den Sieger. Die Nummer 7 gehörte unserem armen König und er trat vor. Der Jüngling erschrak und wollte sogleich die Tränen an der Mauer des Königreiches durch Kronen ersetzen.

Der König aber sprach: Nicht, was an der Mauer geschmiedet ist, ist entscheidend, sondern was mit Liebe und Können gefertigt und mit Herzlichkeit kredenzt wird. Ich behalte meine Tränen, aber erfreue täglich meine Gäste mit Speisen, die ihnen wohl bekommen.

Heinzelmann senkte verlegen seinen Blick, doch der arme König ging erhobenen Hauptes in sein Reich. Jüngling Heinzelmann indes grämte sich nicht lange. Er besuchte sein Lieblingskönigreich. Sein bester Freund, der reichste aller Könige, lud ihn zu einem opulenten Mahle ein. Jüngling Heinzelmann verstarb des Nachts darauf an einer Fischvergiftung.

Der Irrtum des Gastronomen

Gast kommt rein.

Könnte Tester sein.

Achtung an alle.

Vorsicht Falle.

Beobachtet genau.

Sitzt allein ohne Frau.

Großes Menü bestellt.

Allerlei Weine dazu gesellt.

Unzugänglich und still.

Weiß genau, was er will.

Alles wird abgecheckt.

Aber Teller wie abgeleckt.

Sogar Lob empfangen.

Noch mal gut gegangen.

Also gegessen der Fisch.

Denkste.

Tester saß am anderen Tisch.

Der Restaurantkritiker

Ein Kritiker ging ins Restaurant zum Testen
und ließ sich dabei richtig mästen.
Er bestellte alles rauf und runter.
Der Service wurde endlich munter.
Er ließ partout nichts aus.
So gut aß er noch nie zu Haus.
Er suchte trotzdem nach dem Haar im Essen
und hat das Loben dabei ganz vergessen.
Salzig war's und viel zu kalt.
Der Fisch mit Sicherheit zu alt.
Das Gemüse nicht mehr frisch
und außerdem, er wackelte, der Tisch.
Der Wein extrem zu warm
und jetzt die Übelkeit in Bauch und Darm.
Er ist doch immer objektiv und ehrlich.
Auf keinen Fall mit Tadel spärlich.

Seine Kritik ist zum Nach-Vorne-Denken.
Auf's Gute will er seine Blicke lenken,
denn Sterne kann man schließlich nicht verschenken.
Nun spricht er mit dem Wirt mal ganz persönlich.
Für ihn ist das nicht ungewöhnlich.
Er kennt sich aus auf dem Parkett.
Und alle finden ihn auch furchtbar nett.
Heute will er sich am Weine laben,
morgen im Champagner baden.
Jeder kennt ihn mittlerweile ganz genau
und fragt höflich auch nach seiner Frau.
Der Kritiker ist eingeladen, das ist Ehrensache.
Schließlich hat man Angst vor seiner Rache.
Noch ein Fläschchen Wein für zu Hause.
Das war heut' ne tolle Sause.
Nun veröffentlicht der Tester sein Ergebnis.
Wie wunderbar war dies Erlebnis.

Das ganze Restaurant war voll.
Die Speisen waren immer toll.
Dass der ganze Laden war fast leer,
interessiert ihn nun nicht mehr.
Auch seinen Ärger mit dem Essen
hat er mittlerweile ganz vergessen.
Ja, so ist es eben,
dieses schwere Tester-Leben.

Wirt, du bist doch selber schuld.
Warum hast du die Geduld?
Willst als Wirt du das vermeiden,
musst du an die Türe schreiben:
Hund und Tester müssen draußen bleiben.

Ruhetag

Mein Restaurantteam ist von mir handverlesen und nach meinen speziellen Vorstellungen zusammengestellt worden. Leidenschaft für den Beruf ist eines der wichtigsten Kriterien für die Einstellung. Vor allem unsere Köche haben ihre Passion zum Beruf gemacht und wollen eigentlich gar nichts anderes als am Herd stehen und einfach nur kochen. Die wenigen Stunden, in welchen sie sich mit Schlafen oder gar Freizeit beschäftigen müssen, empfinden sie als äußerst lästig. Ähnliches gilt für die Sippe der Kellner. Auch wenn die Herren in Weiß aus der Zentrale der Macht, der Küche, das oft etwas anders beurteilen. Der Krieg zwischen Schwarz (Kellner) und Weiß (Köche) tobt nach wie vor in der Gastronomie. Nur hat er in unserem Restaurant eine neue Qualitätsstufe erreicht. Wir haben es auf die Formel des Fernsehjournalisten Frank Plasberg gebracht: Hart, aber fair. Dennoch beäugen sich beide Berufsgruppen sehr genau, lauern auf den kleinsten Fehler der anderen Seite und sehen jeden Anlass zum Sticheln als therapeutische Erziehungsmaßnahme. Diplomatie ist ein Fremdwort und ein Lob für die Gegenseite im Giftschrank verschlossen. Ich bin immer mal wieder der Schiedsrichter, bringe die Streithähne zur Räson und zähle die gegenseitig geschossenen Tore. Dabei achte ich stets darauf, dass am Ende des Spiels möglichst ein Unentschieden herauskommt.

Trotz allem bin ich eine Art Übervater und die Angestellten sind ein bisschen wie meine Familie. So ein Restaurant funktioniert auch nur, wenn jeder Angestellte fast immer gern zur Arbeit kommt und seinen Job mit Leidenschaft und Ehrgeiz macht. Jeden Gast an jedem Tag zu begeistern, das ist die von mir ausgegebene Devise. Ich bin überzeugt, die überwiegende Anzahl meiner Mitarbeiter liebt das Restaurant »Guy«, es ist »ihr« Laden. Wie sonst wäre die Tatsache zu erklären, dass einige von ihnen schon über zehn Jahre bei mir sind?

Sie werden bestimmt denken, dass meine Beschreibung auch auf andere Berufsgruppen zutrifft. Bestimmt ist das so. Aber man stelle sich vor: Ein Josef Ackermann, der Chef der Deutschen Bank, würde zwölf Stunden bei hammervollem Restaurant hinter unserem Herd stehen und kochen müssen. Er bräche nach wenigen Stunden auf offener Szene zusammen und ein Teil unserer Gäste ginge wahrscheinlich mit deutlichen Vergiftungserscheinungen nach Hause. Sollte Herr Ackermann das anders sehen, lasse ich es gern auf einen Versuch ankommen.

Oder aber Angela Merkel, Frau Bundeskanzlerin, müsste nach zehn Stunden Knüppelservice als Kellnerin nachts um drei noch 500 Gläser per Hand polieren, dann um zehn Uhr vormittags wieder zum Dienst erscheinen, um die ersten Gäste freundlich zu begrüßen. Wenn dann einer der ersten auch noch Guido Westerwelle wäre, würde das mit dem Lächeln wohl eher knapp ausfallen.

Nun werden Sie sagen: Lieber Herr Guy, Ihre Vergleiche sind unzulässig und hinken gewaltig. Na gut, dann drehen wir den Spieß doch mal um! Unser Küchenchef Marcus übernimmt die Leitung der Deutschen Bank. Die Suppe, welche uns die Banken eingebrockt haben, wäre in diesem Fall nicht annähernd so versalzen gewesen und der Profit nach allen Ausgaben erheblich geringer ausgefallen. Außerdem wäre der Überschuss dann auch noch an die Armen gegangen und die Deutsche Bank zum Sympathieträger Nummer 1 empor geklettert.

Oder ich, Hartmut Guy, wäre Bundeskanzler unserer schönen Republik. Das tagespolitische Geschehen wäre noch lustiger, als es ohnehin schon ist. Die FDP wäre nicht Koalitionspartner und die Wähler könnten sich auf jedes meiner Wahlkampfversprechen tatsächlich verlassen. Sind Sie nun zufrieden?

Zurück zur Geschichte. Nach den vielen anstrengenden Stunden, die mein Team täglich knüppelt, gibt es dann und wann Tage, an denen die Sau auf die Weide getrieben wird. Selbstverständlich erst, wenn der letzte Gast die heiligen Hallen unseres Hauses verlassen hat und in Küche und Restaurant alles wieder blitzt. Aber dann kann es schon mal passieren, dass eine Orgie mit exzessivem Höhepunkt und komatösem Ende stattfindet. Ich könnte von manchen witzigen, spektakulären und hin und wieder sogar delikaten Erlebnissen berichten. Doch der Schreiber genießt und schweigt. Keine Sorge, Sie kommen schon noch auf Ihre Kosten.

Jedes Jahr gestalte ich zwei Dankeschön-Tage für mein Personal, meistens im Sommer und zur Jahreswende. Dann lade ich alle Mitarbeiter ein und sorge dafür, dass sich an diesem Tag alles ausschließlich um sie dreht. Wir waren schon gemeinsam zwei Tage an der Ostsee und hatten dort viel Spaß. Ich lud zu Konzerten in die O_2-Arena und ins Convention Center ein. Besuche in sehr edle andere Restaurants mit großem Abend-Menü standen auch schon auf der Tagesordnung. Es war stets ein Erlebnis für alle und immer mit guter Laune und Überraschungen gespickt.

Aber das Größte war unsere Auto-Rallye. Sie müssen sich das Ganze so vorstellen: Ich erarbeitete im Geheimen einen Aufgabenkatalog und die Belegschaft (24 Angestellte) wurde per Losentscheid in Vierergruppen auf sechs Pkw verteilt. An einem Sonntag um 10 Uhr war Treffpunkt im »Guy« in der Jägerstraße. Alle Fahrzeuge, die sechs privaten Pkw derer, die ein Auto besaßen, standen in einer Reihe am Straßenrand. Ich übergab im Fünf-Minuten-Takt einen verschlossenen Umschlag in jedes Fahrzeug mit vier Besatzungsmitgliedern und ab ging die Post im Tiefstart. Erst beim Losfahren durften die Umschläge geöffnet werden und die schöne Bescherung kam zum Vorschein. Fünf Aufgaben waren zu erfüllen, für die es Punkte gab. Die Erfüllung einer Zusatzaufgabe ermöglichte weitere 100 Sonderpunkte. Wir hatten einen Treffpunkt auf einem rustikalen Bauernhof mit Heuhotel ausgemacht, und nun galt es: Wer ist am schnellsten am Ziel und holt die meisten Punkte auf sein Konto? Es lockten tolle Preise für die ersten drei. Der Sieger bekam ein Wochenende im Luxushotel und einen Mercedes für drei Tage. Der Zweite einen Mercedes-Geländewagen für ein Wochenende und der Dritte ein Essen im Sterne-Restaurant meines Freundes Kolja Kleeberg, dem »VAU«. Allen war alles klar und nun nahm das Schicksal in Form einer Schnitzeljagdrallye seinen Lauf.

Folgende Aufgaben hatten die Teilnehmer zu lösen:

Erstens: Fahren Sie auf den Flughafen Tegel und überreden Sie mindestens zehn fremde Fluggäste, mit Ihnen gemeinsam vor dem Schalter der Lufthansa das Lied »Hoch auf dem gelben Wagen« zu singen. Dokumentieren Sie dies mit einem Video auf der mitgenommenen Kamera oder einem Handy. Zwar befanden sich bei allen Teams solche Geräte, aber ich war mir sicher, keiner kannte den Text des Liedes.

Zweitens: Nehmen Sie Kontakt zur Betreiberfamilie Arnold vom Restaurant »Wassermühle« in Klein Kämmerlein auf (Namen geändert) und bringen Sie in Erfahrung, wie ihr Sohn heißt und was er beruflich macht.

Drittens: Gehen Sie auf den Friedhof im Baumschulenweg und suchen Sie das Familiengrab der Familie Guy. Auf dem Grabstein befindet sich der Name meiner geliebten Oma. Wie hieß sie? Schreiben Sie Weg- und Grabnummer auf.

Viertens: Gehen Sie in irgendeine Kneipe im Land Brandenburg, machen Sie zu viert eine Zeche von genau 9,50 Euro, lassen Sie sich diese mit Stempel und Unterschrift dokumentieren und stehlen Sie dabei ein Bierglas und einen Aschenbecher.

Fünftens: Schmücken Sie Ihr Fahrzeug mit Gräsern und Zweigen vom Straßenrand und fahren Sie so zu einem Brandenburger Imker, um ein Glas Honig zu erwerben. Nur Imkerhonig! Die Üppigkeit und der Einfallsreichtum beim Ausschmücken des Fahrzeugs werden nach der Zielankunft bewertet und mit Zusatzpunkten belohnt.

Sechstens: Zusatzaufgabe! Fahren Sie zum Potsdamer Platz und sprechen Sie ein blondes Mädchen an, nicht älter als 25 Jahre, bildhübsch mit Minirock und toller Figur. Überzeugen Sie dieses, mit zum Zielort zu fahren, dort mitzufeiern und uns nur spärlich bekleidet in der

Sauna ein Bier zu servieren! Dokumentieren Sie die Überzeugungsarbeit auf Video.
Diese Aufgaben erfuhren wie gesagt alle erst beim Start. Jede Gruppe legte Fahrplan und Ablauf im Fahrzeug selbst fest. Na dann, viel Spaß, lachte ich mir ins Fäustchen. Mit welchem Elan, Spaß und Ehrgeiz alle Beteiligten an die Abarbeitung ihrer gestellten Aufgaben gingen, können Sie sich kaum vorstellen. Ich hätte gern Mäuschen gespielt und miterlebt, was für wirklich komische Erlebnisse dabei herausgekommen sind.

Wir hatten die Zielankunft für 15.30 Uhr ins Auge gefasst, was die Hälfte aller Teilnehmer um mehr als zwei Stunden überschritt. Als endlich alle eintrudelten, waren das Geschrei und der Trubel groß. Jeder Mannschaftskapitän erzählte unter Lachanfällen und Freudentränenausbrüchen, was seiner Mannschaft widerfahren war. Die Autos glichen fahrenden Weihnachtsbäumen und Honig hatten wir für die nächsten Jahre genug.

Auf dem Flughafen schlugen sich alle Teilnehmer wacker und oft waren auf den gezeigten Filmchen sogar mehr als zehn fremde Fluggäste zu sehen, die eifrig mitsangen. In einem Film spielte eine Gruppe von 15 afrikanischen Mädchen die Hauptrolle. Sie bildeten den Background-Chor, obwohl sie kein Deutsch konnten. Aber sie sangen auf ihre Weise wahnsinnig temperamentvoll mit. Was immer sie da sangen – verstehen konnte ich es nicht, aber es war herrlich. Besonders lustig war es mitzuverfolgen, wie sich die Mienen der Stewardessen am Lufthansaschalter veränderten. Waren sie beim ersten Lied noch freundlich überrascht und bestens gelaunt, so nahm diese Laune bei jedem weiteren Chor ab und endete beim letzten in völlig entnervten Szenen. Saukomisch. Versteckte Kamera pur.

Die Familie Arnold vom Restaurant »Wassermühle« gehört zu meinen Lieblingsfeinden. Mit denen hatte ich in der Vergangenheit erhebliche Auseinandersetzungen auf privater Ebene. Näheres verschweige ich aus Gründen der Diskretion. Fest steht, sie hassen mich wie die Pest und ich tue das Gleiche mit ihnen. Nun ruft jemand bei ihnen an und sagt, er sei ein Angestellter von Herrn Guy, welcher sie herzlich grüßen ließe. Allein dieser Satz muss Ohrenschmerzen und fürchterliche Beklemmungen auf der anderen Seite des Telefonhörers ausgelöst haben. Dann die Frage: Wie heißt Ihr Sohn, was macht er beruflich? Ein Affront, denn sie haben gar keinen Sohn. Auch keine Tochter. Sie hassen Kinder bis ins Mark. Solche Leute soll es auch noch geben. Es gab einen riesigen Zirkus am Telefon und Herr Arnold legte mit einem Wutausbruch auf. Das zweite Telefonat beendete Frau Arnold, hysterisch schreiend. Beim dritten wurde der Hörer nicht mehr von der Gabel gehoben. Als wenig später ein Team persönlich vorfuhr, eskalierte die Situation. Wären das nicht zufällig die vier stärksten Köche in einer Gruppe gewesen, hätte es vermutlich Tote und Verletzte gegeben. Niemand erfüllte diese Aufgabe – wie auch? Heute entschuldige ich mich bei allen Angestellten für meine Hinterhältigkeit. Bei der Familie Arnold jedoch ausdrücklich nicht!

Natürlich war mir bewusst, dass die Friedhofsaufgabe etwas fragwürdig ist. Aber ich bitte Sie, der Tod gehört zum Leben und Beerdigungen, auf denen auch gelacht wird, sind mir lieber als die, bei denen ausschließlich geweint wird. Dazu kam, dass meine Oma mehr Humor hatte als die ganze Riege von Comedians im heutigen Fernsehprogramm. Dennoch glaube ich, dass der Zustrom meiner Mannschaften auf dem Friedhofsgelände allgemeine Verwunderung ausgelöst hat. Jede Rallyegruppe kam zu unterschiedlichen Zeiten und schwärmte wie eine Aufklärungskompanie in Feindesland aus. Es blieb ihnen ja nichts anderes übrig, als alle Grabsteine und deren Inschriften in Augenschein zu nehmen. Zwei Gruppen kamen auf die kluge Idee, bei der Friedhofsverwaltung vorzusprechen, und damit natürlich viel schneller zum Ziel. Die allerklügste Gruppe ließ den Besuch auf dem Friedhof ausfallen und rief meinen Bruder über die Auskunft zu Hause an. Der wusste zwar den Namen unserer Oma, aber bei Weg- und Grabnummer musste er passen. Ich hätte gern sein Gesicht bei diesem Telefonat gesehen.

Rechnungen, Biergläser und Aschenbecher brachten alle Gruppen mit. Aber ich konnte mich des Eindrucks nicht erwehren, dass dies mit dem zuständigen Kneipenwirt ausgehandelt worden war. Positiv daran ist: Es gibt offensichtlich keine Diebe unter meinen Angestellten.

Nun die Sonderaufgabe. Ich hatte gehofft, sechs Super-Blondinen peppen unsere abendliche Abschlussparty so richtig auf. Aber Fehlanzeige, keiner brachte die von mir angeforderte Schönheit dazu, sich uns anzuschließen. Nicht mal einen blonden Pudel, Dackel oder wenigstens eine lustige Rentnerin konnten meine Leute aufreißen. Also feierten wir unter uns, aber nicht weniger glücklich und ausgelassen. Dass niemand der Einladung gefolgt war, lag hoffentlich nicht am mangelnden Charme meiner Servicemitarbeiter.

Wenn der Vorhang fällt

Die Würde des Menschen ist unantastbar. So steht es in unserem Grundgesetz. Hat der Vermieter meines Restaurants das nicht gelesen? Ist dieser wichtige Satz ihm durchgerutscht, oder ignoriert er ihn gar?

Ich bin ein unverbesserlicher Optimist, aber auch die größten Optimisten können dann und wann an sich zweifeln oder gar ins Straucheln geraten. Außerdem ist mein Sternzeichen der Widder. Diese sind durch nichts und niemanden aufzuhalten – bis sie sich durch ihren Übermut in eine Fallgrube stürzen. Da liegen sie dann von Selbstmitleid zerfressen und jaulen wie junge Hunde. Aber irgendwann kommt der Moment, in dem sie sich selbst in ihrem Elend betrachten und voll Zorn über den Jammerlappen im Spiegelbild ihr gigantisches Notstromaggregat anwerfen und sich ähnlich wie Reinhold Messner geradewegs aus der Grube heraushangeln.

Aber zurück zum Anfang.

Als ich 1999 an den Gendarmenmarkt ging, wusste ich, dort spielt nicht nur die Musik der Zukunft, sondern da brennt der Kittel, da boxt der Papst und die Geldscheine regnen nur so vom Himmel. Man braucht sie eigentlich nur noch aufzusammeln. Das Restaurant »Borchardt« und »Lutter & Wegner« zum Beispiel, zwei Läden, die jeden Tag brummen und Heerscharen von Gästen abfertigen, inspirierten mich. Das kannst du auch, war ich mir sicher. Womöglich sogar besser und mit noch mehr Klasse.

Wenn ich etwas anfange, wird es immer von drei meiner Organe gesteuert. Als ich noch jünger war, kam noch ein viertes hinzu. Dieses aber lassen wir heute mal beiseite hängen, denn die Geschichten darüber könnten unter Umständen ein zweites Buch füllen. Schau'n wir mal, um es mit den Worten von Franz Beckenbauer zu beschreiben. Zurück zu den drei erstgenannten Organen. Das sind Herz, Kopf und Bauch – in dieser Reihenfolge. Eigentlich ist das die beste Methode, um in der Gastronomie erfolgreich zu sein. Ich glaube sogar, in jeder Branche. Halt, in fast jeder. Bei Kreditinstituten ist es nur der Kopf, unter Umständen noch der persönliche Kontakt zum Filialleiter und dessen Bauchgefühl. Ansonsten jedoch regelt den Rest ein Computer. Rating nennt man das heute neudeutsch.

Mein Vermieter ist ein großer deutscher Immobilienfonds. Wo dessen Herz sitzt und ob es überhaupt schlägt, wird sich noch zeigen müssen. Sein Kopf jedenfalls besteht aus tausenden von Köpfen seiner Anleger und diese sind nur zufrieden, wenn ihre Bäuche gefüllt sind. Nicht gerade die allerbesten Voraussetzungen für Nachverhandlungen in Sachen Mietvertrag. Ob ich meinen Mietvertrag von damals mit dem Wissen von heute unterschrieben hätte, wage ich zu bezweifeln. Ein Grund dafür sind zu hohe Kosten bei zu schwankenden Einnahmen. Ein anderer Grund, so wunderschön mein Restaurant auch anmutet, so außergewöhnlich die Ausstattung ist und so romantisch die Hofkulisse auch zum Verweilen einlädt: Es bleibt ein Restaurant im Hinterhof. Auch wenn mein Vermieter sich noch so bemüht, er wird es nicht zum Straßenrestaurant schönreden können.

Eigentümer haben bei der Wertermittlung ihrer Immobilie drei Grundsätze. Erstens die Lage, zweitens die Lage und drittens die Lage. Bei der Vermietung jedoch lautet ihr Grundsatz: Jeden Tag steht ein Dummer auf, man muss ihm nur begegnen. Ich werde jetzt keinesfalls zugeben, dass ich in meinem Fall ein Dummer war. Aber meine grenzenlose Euphorie, gepaart mit besagtem Optimismus, kann zu folgenschweren Entscheidungen führen.

Mein erster Eindruck, als ich 1999 durch die Gerüststangen vor dem Eingang in die Passage zu meinem heutigen Innenhofrestaurant kletterte, war überwältigend. Ich sah alles genau vor mir, obwohl der Ort noch Baustelle und nur hässlicher Beton zu sehen war. Ich sah sie schon, die Gäste. Begleitet von sanfter Musik saßen sie an prächtig gedeckten Tischen vor ihren Tellern. Im Brunnen schwammen schon Schwimmkerzen und ich hörte leise ihre Gläser klingen. In ihren Augen sah ich Begeisterung und hörte jeden Gast in den höchsten Tönen von meinem Restaurant schwärmen. Ein Tempel der Geborgenheit.

Ein Mann mit Helm rüttelte mich unsanft aus meinen Träumen. »Was wollen Sie hier?«, fragte er derb. Noch meinen Fantasien hinterher hängend, antwortete ich, fast wie im Schwebezustand: »Ich suche eine geeignete Location für ein gehobenes Restaurant.«

Er schaute mich von oben bis unten an und sagte: »Dies hier wird so eines, aber dafür braucht man Geld, viel Geld.« Sein Blick verriet, mir traute er diesen Umstand auf keinen Fall zu. Damals war ich ein bisschen beleidigt. Heute weiß ich, dass er Recht hatte.

Eigentlich ist das »Guy« am Gendarmenmarkt das richtige Hobby für einen Milliardär, der sich mit seinen

Inspirationen verwirklichen will und für den betriebswirtschaftliche Rechnungen ein Fremdwort sind. Einer, der nach Zahlung des Lohnes an alle Mitarbeiter, der Überweisung von Miete und Tilgung aller Kosten sowie Einkäufe keine Kontobewegung verspürt, weil die Summe seines Vermögens so gigantisch ist, dass die Kosten nicht ins Gewicht fallen und lediglich die 27. Stelle hinter dem Komma ausmachen. So einer bin ich nicht und werde es nach Lage der Dinge auch niemals werden. Schade eigentlich.

Damals half mir ein sehr guter Freund auf die Beine und ermöglichte mir durch seine finanzielle Unterstützung den Anfang. Was aus Mangel an Geld nicht zu schaffen war, konnte ich durch Enthusiasmus und Einfallsreichtum immer wieder reißen. Man konnte sich aber auch bei manch einer Aktion verheben und dabei die Hose zerreißen, dann stand man nackt da. Dennoch, nach einem Tal kommt ein Berg und nach abwärts kommt aufwärts! Krisen kamen und gingen. Die Erhöhung der Mehrwertsteuer, die Einführung des Rauchverbots, ja selbst der um sich greifende Diätwahn konnten mich nicht in die Knie zwingen. So kam die erste Null in Sicht und das zehnjährige Jubiläum warf seine Schatten voraus. Apropos Schatten. Ein zweiter tauchte auf, aber viel größer und gewaltiger als der meines kleinen Jubiläums. Es war, als wenn die Sonne abgeschaltet wird, am Tag, an dem die Weltwirtschaftskrise kam.

Es war im Jahre 2008, so gegen 15 Uhr nachmittags. Sie erschien unangemeldet und überraschend. So richtig kommen gehört hatte sie niemand. Gesehen auch nicht. Aber irgendjemand muss doch von ihrem Eintreffen gewusst haben? Sie war schlimmer als die unerwünscht eintreffende Schwiegermutter. Sie war viel böser und blieb länger. Auch die Aufforderung zu gehen ignorierte sie. Die Krise tobte wie ein Tornado durch unser Restaurant und ließ keinen Tisch und keinen Stuhl unversehrt.

Da fragen mich doch tatsächlich manchmal Gäste, ob ich etwas von der Krise gespürt hätte. Wie naiv können manche Menschen sein, denke ich dann. Ausgerechnet an mir soll die Krise vorbeilaufen? Sie hat durch die Fenster meines Restaurants geschaut und dann mitleidig zu mir gesagt: »Mein lieber Guy, du bist ein so netter Mensch und hast ein so gutes Herz. Du hast es nicht verdient, dass ich dir Schmerzen bereite. Dich, nur dich werde ich verschonen.« Unfug! Mich hat sie sich als ersten gegriffen und mit all ihrer Kraft durch die Mangel gedreht. Sie hat mir solche Wunden zugefügt, dass ich fast verblutet wäre.

Überlegen Sie doch mal: In Krisenzeiten halten Besserverdienende als erste ihr Geld zusammen. Normalverdiener geben das wenige Geld mit vollen Händen aus. Aber sie tragen es nicht in ein Gourmetrestaurant, sondern eher an die Pommesbude. In meinem Restaurant verkehren Geschäftsleute, Politiker und internationale Touristen, die durchaus den einen oder anderen Euro auszugeben bereit sind. Frau Müller und Herr Meyer verirren sich leider selten zu uns. Schade, sie wissen gar nicht, was ihnen entgeht. Aber sicher ist, die Umsatzbringer sind seit Ende 2008 nicht mehr so flüssig und an ihre Rücklage in der Schweiz wollen sie nicht rangehen. (Das muss aber unter uns bleiben.) Ich bekam also die volle Breitseite des akuten Geldmangels und der ausgerufenen

Sparmaßnahmen zu spüren. Das nahm solche Ausmaße an, dass ich stündlich zur Tür lief, um nachzuschauen, ob sie nicht versehentlich zugeschlossen wurde. Natürlich nicht, sie ließ sich ungehindert öffnen. Aber niemand war in Sicht, der das tat. Umsatzverluste von über 50 Prozent erschütterten meinen Glauben an das Gute im Menschen und die Lebensberechtigung der Gastronomen mit Anspruch. Ich sah mich schon auf der Beerdigung meines Hauses selbst die Grabrede halten. Es gab keinen anderen Ausweg, als den Versuch zu starten, meinen Vermieter an den Schmerzen der schweren Operation zu beteiligen. Also schrieb ich ihm einen Brief: Lieber Vermieter, gib mir doch bitte etwas Luft zum Atmen. Natürlich fand ich eine seriösere Ausdrucksweise und konnte wie ein Wirtschaftsprüfer auf Daten, Zahlen und Fakten zurückgreifen. Seitdem ist unsere Ehe im Anfangsstadium der Zerrüttung. Schweigen ist ausgebrochen und ich habe das Gefühl, als trage ich eine Tarnkappe, welche mich für meinen Vermieter unsichtbar macht. Mich, der einen riesigen Berg Kohle in diese Beziehung reingepumpt hat, der sich das Letzte aus seinem Taschenfutter gerissen hat, um es dem Vermieter in den Rachen zu schieben. Na gut, es gibt unendliche viele Eheleute, die sich nichts mehr zu sagen haben und bei manchen dauert das keine zwölf Jahre wie in unserem Fall. Es bleibt für mich nur der bittere Beigeschmack: Ich, der kleine Guy, und alle Menschen, die ich persönlich kenne, haben nichts, aber auch gar nichts mit dem Entstehen der Weltwirtschaftskrise zu tun. Wir, die eigentlich Unbeteiligten, werden jetzt aber beteiligt. Es ist fast so, als wäre ein reicher Onkel in Amerika verstorben und hat uns in seinem Testament sein Vermögen vererbt. Nun öffnen wir den Wisch und stellen fest: Es ist nur ein riesiger Schuldenberg, und den haben wir jetzt an der Backe. Eigentlich kann man ein Erbe ablehnen, dieses hier leider nicht. Da stehst du nun, du armer Tor, und bist so klug als wie zuvor. Diese Goethe-Anlehnung trifft die Hilflosigkeit und Frustration ziemlich genau.

Mein »treusorgender« Vermieter ist vielleicht nicht an der Krise schuld. Jedenfalls glaube ich, bis zum Beweis des Gegenteils, an die Unschuldsvermutung. Aber zu leugnen, dass es überhaupt eine Krise gab, ist abenteuerlicher als so manche Behauptung von Edmund Stoiber, und vor allem sehr kurz gedacht. Wenn wir vor den Scheidungsrichter treten müssen, werden die Karten neu gemischt und ein Richter wird festlegen, wer für wen zu sorgen hat. Über meine Zukunft jedoch mache ich mir keine Sorgen, denn dieses Buch ist auf dem Markt und wird hoffentlich alle Verkaufsrekorde brechen. Irgendwann sucht Thomas Gottschalk einen Nachfolger für »Wetten, dass« und ich kann immer noch entscheiden, ob ich lieber Gastronom, Schauspieler oder Schriftsteller sein will. Zur Zeit übe ich alle drei Tätigkeiten mit Liebe und sehr viel Spaß aus.

Jetzt mache ich Ihnen zum Schluss noch einen Vorschlag: Kommen Sie doch einfach mal bei mir essen! Dann können Sie mir persönlich sagen, was Ihnen an meinem Buch nicht gefallen hat. Das diskutieren wir aus und vertragen uns anschließend wieder. Wir hätten dann einen guten Grund, miteinander anzustoßen. Zu fortgeschrittener Stunde werden wir über Ihr Buch sprechen. Wie? Sie haben keines geschrieben? Na, dann wird's aber

Zeit. Man sollte in seinem Leben bekanntermaßen drei Dinge tun: Einen Baum pflanzen, einen Sohn zeugen und ein Buch schreiben. Ich habe alle drei Dinge abgearbeitet – und Sie?

Wovon ich Ihnen allerdings dringend abraten würde, wäre: ein Restaurant aufzumachen.

Im Gebr. Mai Verlag sind u. a. erschienen:

Mr. Däniken, wie haben Sie das vollbracht?
Die Erkundung des ganz irdischen Erich von Däniken
Jürgen Mai im Gespräch mit Erich von Däniken
Hardcover, 512 Seiten mit zahlreichen Fotos
24,90 Euro
ISBN 3-9809143-0-5

Ferry Hirschmann
Leben ohne Ärzte
Die Kraft der Natur
Was will und was kann alternative Medizin?
Ein Überblick
Hardcover, 299 Seiten mit zahlreichen Abbildungen
19,95 Euro
ISBN 3-9809143-1-3

Jürgen Mai
Der Harmony-Clou
Neue Wege zu Kraft, Gesundheit und Lebensenergie.
Ein Anwenderbuch
Hardcover, 288 Seiten mit zahlreichen Abbildungen
19,95 Euro
ISBN 978-3-9809143-3-8

Jürgen Mai, Cornelia Mütze
Kunstgenuss
Ein Backbuch der besonderen Art
Hardcover, 115 Seiten mit zahlreichen Fotos und DVD
25,00 Euro
ISBN 978-3-9809143-4-5